大正新教育

学級・学校経営 重要文献選

編集・解説 橋本美保・遠座知恵

第Ⅰ期 高等師範学校附属小学校における学級・学校経営

第5巻 奈良女子高等師範学校附属小学校1

不二出版

凡例

一、『大正新教育 学級・学校経営重要文献選』は、大正期における学級経営、学校経営を論じた重要な文献、論考を精選し、全Ⅱ期・全10巻として刊行するものである。

一、収録にあたっては、執筆者が関わった学校別に分類した。収録内容は別表「収録一覧」に記載した。

第Ⅰ期 高等師範学校附属小学校における学級・学校経営
第1巻 東京女子高等師範学校附属小学校1／第2巻 東京女子高等師範学校附属小学校2／第3巻 東京高等師範学校附属小学校1／第4巻 東京高等師範学校附属小学校2・広島高等師範学校附属小学校／第5巻 奈良女子高等師範学校附属小学校1／第6巻 奈良女子高等師範学校附属小学校2

第Ⅱ期 師範学校附属小学校・公立校・私立校における学級・学校経営
第7巻 茨城県女子師範学校附属小学校／第8巻 富山県師範学校附属小学校・東京府女子師範学校附属小学校ほか／第9巻 公立校（田島小学校・神興小学校ほか）／第10巻 私立校（帝国小学校・成城学園ほか）

一、刊行は第Ⅰ期・第1回配本（第1－3巻）、第Ⅰ期・第2回配本（第4－6巻）、第Ⅱ期（第7－10巻）の全3回である。

一、編者による解説は、各期最終巻（第6巻、第10巻）に附す。

一、収録は、単行本の場合はその扉から奥付（広告頁含まず）までとした。論文の場合は冒頭部分（扉）から末尾までを収めた。削除箇所については、「収録一覧」及び本文中に注記した。

一、原資料を忠実に復刻することに努め、紙幅の関係上、適宜拡大・縮小した。印刷不鮮明な箇所、伏字等も原則としてそのままとした。

一、今日の視点から人権上、不適切な表現がある場合も、歴史的資料としての性格上、底本通りとした。

一、本配本刊行にあたっては、滋賀大学附属図書館にご協力いただきました。記して感謝申し上げます。

※ 本選集中の著作権については調査をいたしておりますが、不明な点もございます。お気づきの方は小社までご一報ください。

『大正新教育 学級・学校経営重要文献選』第Ⅰ期 高等師範学校附属小学校における学級・学校経営 全6巻

収録一覧

第1回配本・全3巻

巻数	巻名	文献・論考名	著者名	発行元・掲載誌名	発行年	収録範囲・備考
1	東京女子高等師範学校附属小学校1	学級経営原論	北澤種一	東洋図書	一九二七（昭和二）年	序論－六章
		学校経営原論			一九三一（昭和六）年	二－五章
2	東京女子高等師範学校附属小学校2	低学年教育原理と尋一・二の学級経営	坂本豊	目黒書店	一九二八（昭和三）年	
3	東京高等師範学校附属小学校1	自学中心学級経営の新研究	小林佐源治	目黒書店	一九二五（大正一四）年	一－三章、六章（一－六節まで）、一〇－一二章
		学校経営新研究			一九二九（昭和四）年	一－六章、九・一〇章、一八－二三章

巻	学校	書名・論文名	著者	出版社・掲載誌	刊行年	収録範囲
4	東京高等師範学校附属小学校2・広島高等師範学校附属小学校	生活指導 学級経営の理想と実際	鹿児島登左	明治図書	一九二八（昭和三）年	一－一〇章、一五－一七章
		学級論	佐藤熊治郎	『学校教育』一七五－一七七、一七九－一八一号	一九二八（昭和三）年一－三、五－七月	一－一三（未完、八は欠）
5	奈良女子高等師範学校附属小学校1	学習法実施と各学年の学級経営	清水甚吾	東洋図書	一九二五（大正一四）年	一－一八章
		続 学習法実施と各学年の学級経営			一九二八（昭和三）年	七－一一章
6	奈良女子高等師範学校附属小学校2	学校経営の概観	木下竹次	『学習研究』二巻四号	一九二三（大正一二）年四月	
		学校進動の原理（学校経営論）		『学習研究』二巻五－七号	一九二三（大正一二）年五－七月	（一）－（三）
		学校の経済的活動		『学習研究』二巻九－一一号、三巻一－二号	一九二三－二四（大正一二－一三）年九－一一月、一－二月	（一）－（五）
		学級経営汎論	木下竹次	『学習研究』三巻四号（「新学級経営号」）	一九二四（大正一三）年四月	
		合科学習に於ける学級経営と其の功過	鶴居滋一			
		学習法の実施と学級経営	清水甚吾			
		学級経営案と学級経営	山路兵一			
		学級経営苦	池内房吉	『学校・学級経営の実際』二巻六号	一九二七（昭和二）年六月	
		父母としての教室生活	池田小菊	厚生閣書店	一九二九（昭和四）年	「序」－「教育の方法に就いて」

『大正新教育 学級・学校経営重要文献選』
第5巻 奈良女子高等師範学校附属小学校1

目 次

学習法実施と各学年の学級経営

學習法實施と
各學年の學級經營

清水甚吾著

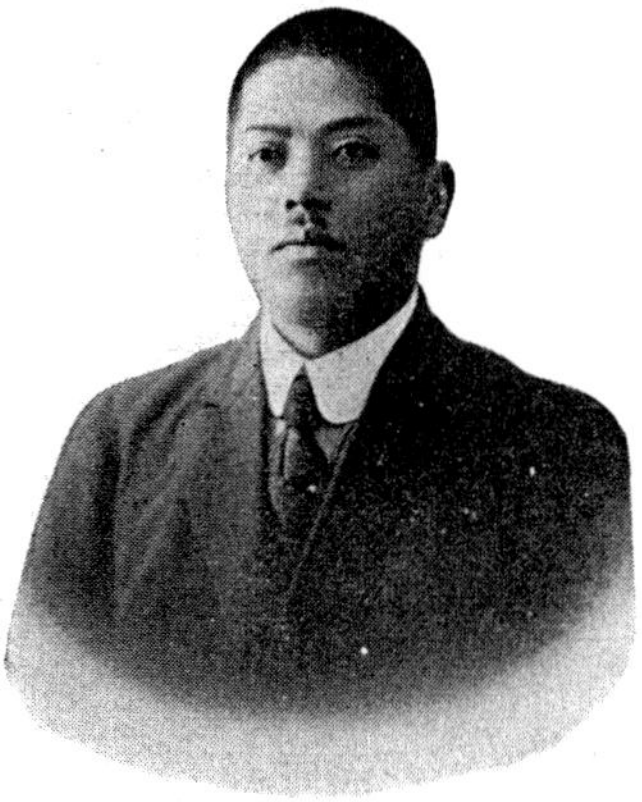

東京・大阪
東洋圖書株式合資會社
發兌

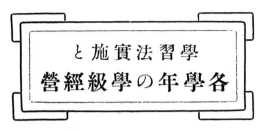

序

學級經營、これは私が教員になつた初から、私の生命に躍動してゐたものであります。學級經營は教育の生命であり、私共教育實際家が教育者として生きて行く道であると信じてをります。

私は附屬訓導として滿十九ヶ年過しましたが、其間に於て福岡師範學校附屬小學校で尋常五年、六年、高等一年、それから六學年單級の學級經營を二ヶ年いたしました。又奈良女子高等師範學校附屬小學校では、尋常四年、五年、六年。尋常一年、二年、三年、四年、五年、六年。更に尋常一年、二年、三年、四年、五年といふ順序で滿十四ヶ年學級經營に當りました。特に奈良の十四年間は選拔しないところの優劣混淆の兒童からなつた學級で、尠からず苦心をして經營しました。

此の書物は私の此の十九ヶ年の訓導生活の體驗を基として、研究したものであります。特に學習法の原則に基いて、最近研究を重ねた學習法實施の場合に於ける新學級經營法の理論及び實際の新研究であつて、一面二十年の苦心の跡であり、一面最も新しい研究物であります。

此の書物は前編と後編とに分けました。前編には學習法實施による學級經營法の一般について、なるべく實際的に述べました。後編には各學年の學級經營について述べましたが、網羅的に全部をつくしたものではありません。私の體驗を基にして、濃厚なエキスを書いたものであります。

各科の學習指導は、學年が異つても根本精神に於て一貫するところがあります。それ故適當だと思ふ學年に於て、これを述べてをります。大體上學年に行くにつれて簡單になつてゐますが、前後を對照していただくと、根本精神と實際とが明瞭になります。

此の書物の出來上るについては、福岡師範學校附屬小學校前主事中川直亮先生、奈良女子高等師範學校附屬小學校前主事眞田幸憲先生、同現主事木下竹次先生の御懇篤なる御指導を辱うしました。特に學習法については木下先生の賜物であります。尚此の間に於て同僚諸君から指導誘掖に預つたことや、擔任した學級の愛兒から與へられたものが甚だ多うございます。深く感謝してをります。

未熟な研究でございますが、皆さんの御批正を仰ぐことが出來れば非常な幸であります。私は微力ながらも教育のために益々努力したいと思つてをりますから。

大正十四年三月十三日春日神社申祭の日

奈良川久保の寓居で

著　者　識

學習法實施と各學年の學級經營 目次

前編　學習法と學級經營法

第六章　學級經營の方法

後編 各學年學級經營の實際

目　次（終）

前編　學習法と學級經營法

第一章　輓近に於ける學級經營熱

一　最近の學校參觀から見て

最近學校參觀といふことが非常に盛になつてきた。そして教育實際家の着目してをるところは所謂研究のための研究に流れたといふ謄寫刷を積みあげた研究物を觀るのではなく、兒童そのものゝ學習狀態やその成績の如何といふ實際方面である。即ち學校なり學級なりの活動しつゝある生きた方面に眼をつけるやうになつて來た。

尙この上に最近は各所に於て公開授業とか合同視察とかいふ樣なことがあつて、實際方面の參觀をすると共に學校長の學校經營方針や學級受持教員の學級經營の狀況を聞き、其の教育實務の研究をすることが盛になつた。

こんな傾向はまことによろこばしいこと丶思ふ。私共教育實際家の任務は理論を研究すると共にその理論を實際化して兒童の成績を向上させ、更に其の實際から理論を歸納するにある。實際を離れて理論だけをやかましくいふのは教育實際家の任務ではない。だから私は學校經營學級經營に力を注ぎ、兒童の成績を高め國民教育に貢獻することが教育實際家の生命であると信じてをる。

二　兒童中心の學習法から見て

從來行つてきた教師中心の教育法では、主として狹い教室といふところで教師が新教材を傳達し、實物繪畫標本等すべて教師の方から提出して觀察させたものである。然るに兒童中心の學習法では環境に於ける自己建設自己成長といふことを圖り、殊に「人間をつくる」といふことに着眼してをるのである。環境といふと、學校內は勿論のこと、兒童の家庭社會すべての方面、鄕土の自然人事天地全體で頗る多樣である。隨つて新しい學級經營には學校に於ける學習的設備から、郷土の研究利用學習氣分の作成等、廣く眼を注いで經營計劃といふことを考へなければならぬ。

三　學校教育の社會化運動から見て

學校を實社會と見、小社會と見て行つて、學校を實社會的に組織し實際生活に即し兒童の生活向上を圖るといふ思潮になつてきた。すべての教科の教育といふものを人生といふことから考へるやうになつてきた。

さうすると一教科の教授といふことに囚はれないで、すべてのことを有機的に眺めて行かねばならぬ。こゝにまた學級經營といふことが必要になつてくる。

四　團體教育、國民教育から見て

輓近に於ける教育の思潮は兒童の個性を尊重し個性に適應した教育を施し、個性を充分に發揮させることにつとめる樣になつてきた。併し學校教育に於て一人の教員が引受けて教育してゐる兒童は一人二人の少數の兒童でなくて、四十五十乃至は六十、七十の多數の兒童である。それで個人に適應する取扱をするとは言ふもの丶、それは學級教育内に於て努めるに過ぎない。思ひ切つて學級を解散し兒童に自由なる教育を施さうといつても、今日の經濟狀態で現在の設備と現在の教員の質と現在の教員數とでは充分のことは出來ない。

而かも學校なり學級なりは一方に團體教育國民教育を行つて、社會的國民的の訓練を行つて行くことが重要な任務である。殊に最近に於ては國民精神の作興といふことや國民性の陶冶といふことを國民教育に於て高潮するやうになつてきた。私は個性尊重といふことゝ團體教育國民教育といふこととは決して相反するものではないと信じてゐる。このことについては更に次ぎの章に於て述べて見たい。個性尊重の教育乃至自由教育唱導の結果動もすると單なる個人にのみ注意が拂はれて、團体教育國民教育が閑却され社會的國民的の訓練が怠られる弊がある。

學校教育は團體教育國民教育の大なる單位であつて、學級は其の小なる單位である。學校といふ大きな單位による場合もあるが當面の取扱は學級である。其の學級教育に於て大いに兒童の個性を尊重し個性に適應する取扱をすることに努めて行くことが學校に於て出來得る實際的の而かも正しい教育である。私は學級經營を主張するからといつて決して兒童の個性を無視し、十把一束とし、すべての兒童を平凡化することに賛成するものではない。私の日頃の主張は大いに個性を尊重し個性を發揮させることとである。併し學級を一單位とする以上は學級を如何に經營して行くかといふことが私共學級を受持つてゐるものゝ眼目とする實際問題である。

五　人間をつくるといふことから見て

私共が兒童に向つて教科の指導をするに當つては、人間を作るといふことを目的としたい。たゞ算術の成績をあげようとか讀方の成績をあげようとかそれのみに沒頭してはいけない。從來はあまりに各教科の本質に囚はれて、大きく人間を作るといふことが足りなかつた。各科の本質に囚はれてゐる間は教科の成績があがりかねる。たとひあがつてもそれは偏したものになり易い。今の教育は概していふと人間味の少い偏智教育に流れてゐる。依て情意の教育に力を注いで、人間らしいものを養成したいといふ傾向が强い。私も及ばずながら兒童の教育に當つては人間を作りたいと思つてゐる。

さうするには總體的に全體的に研究したい。どうしても學級經營といふことに眼をつけて研究する必要がある。

第二章　本當の個性發揮

―林檎でも劃一より個別―

私が強く共鳴し尊敬して居る先生の中に青森縣三戸郡五戸小學校長の大西喜三郎といふ人がある。此の人は明治三十四年に青森縣師範學校を卒業されて大正七年まで教鞭を取つてをられたが、同年に教職を去られて、精神修養と共に一方林檎畑を經營された。

書籍によつて林檎の栽培を研究され、書籍に書いてある原理原則に從つて林檎の木の枝を切られた。處が林檎が實のらないので約二千圓の損をされた。その時多年林檎栽培を經驗して居る實際家が來てその林檎畑を任せて貰ふ樣に言つた。大西さんは是を承諾された。

一〇

その實際家は一々林檎の木の個性に應じて枝を切つた。すると見事な果實を結ぶやうになつた。原理原則に依つて劃一する事は個性を殺す譯であつて、個性に應じて取扱はねばならぬ事は植物に於ても明かである。大西さんは此處に感ずる所があつて、大正十一年から再び教育に貢献される樣になつてから、兒童の個性を尊重し個性を發揮させると言ふ信念の基に教育改造の先鋒者となつて居られる。その信念の強い事、精神修養の出來てゐること、人格の高潔であること、に私の愛敬しておかぬ人である。

個性を尊重して學習を指導して行くと言ふことは個人々々の特異性を重じて個性を充分に發揮させることである。是まで個人的見解を非常に重じた人はただ個人といふ事のみに着目して個人の爲めには社會といふものを考へなかつた傾向がある。即ち個人の利害個人の權利は社會に較べて遙に高級であつて社會は畢竟個人の集團に過ぎない。それで個人の自由、個人の幸福を圖ればよいと言ふ事を主張して居つた。

之に反して社會的見解を非常に重んじた人は社會といふものに重きを置き、個人と社會とに利害關係の衝突が有つた時には個人は社會のために絶對に讓歩し所謂犧牲とならねばならぬといつて居つた。前者は個人のためには社會がなく後者は社會の爲には個人がない譯になる。

併し個人と社會との關係はこのやうに二體が相對立すべき者でなくて一體である。これまで個人の幸福個人の發展を圖ると言つて個人のみに着目してをつたのは、其の實深い關係を他我に又は社會に持つてをるのに氣がつかなかつたのである。單に個性を尊重し、これを發展させる事のみを考へるのは宜しくない。環境を離れ社會を離れては個性の發展は不可能である。社會の方からは個人の力を高め、其によつて社會の發達を圖らなければならぬ。クーレーの見解では「個人と社會とは同一物の兩面である。又個人と社會とは双生兒であつて一を知ると直ちに他を知るものである。從つて他我から分離獨立して居る自我の觀念の如きはイルージョンにすぎない。」といつて居る。

個人は國家社會を離れては生存しない。一國の品位勢力は個人の品位勢力によるものである。天下悉く利己主義となつてしまふと社會も國家も崩潰してしまふ。個性の發展を社會的感情と結合融和せしめることが個人の爲にも社會のためにも價値あることである。今日やかましい個性の自由な發達と言ふのも詰りは個性の社會化の發達である。

個人の自由を尊重することは至極結構であるが團體を顧みない自由は其の實自由を奪はれることになる。學校に於て兒童の讀物を備へつけて兒童に自由に讀ませるにしても、甲の兒童が乙の兒童の讀んで居る書物を讀みたいからといつて乙の兒童の讀んでをる書物を横取りして來て讀んだならば、甲の兒童は自由を得て居るが乙の兒童は甲の兒童のために自由を奪はれたことになる。算術で兒童各自に實驗實測をさせるにしても、實驗實測の道具を獨占したり、他人の學習の妨害をも考へないで勝手氣儘にやつてよいといふものではない。それで個人の眞の自由には必ず團體の觀念を伴はしめねばならぬ。團體の觀念を伴ふた自由ならば決して危險なことはないと思ふのである。眞の個性尊重個性發揮と言ふのは何の考なしに個性を伸ばせば良いと言ふものでは無い。社會國家と相容れないものを伸ばしたり、個人の惡い性質を矯正もしないで無闇に伸ばしたりする者とは異にする。

時勢は個人と社會との關係を一體として有機的に密接なものと見て、個性を尊重し才能の自由なる發揮を圖り獨立自營の人物を作り社會國家の發達隆盛を圖ることを要求して居る。社會文化の進歩を圖るためには其の社會を組織してをる個人々々の個性を尊重して其の個人の實力を高め、優秀なものは社會文化の先覺者とし無能者は少くとも社會の色々なことを妨害しないやうにしなければならぬ。かうして社會國家が進歩發達することになれば個人も安寧幸福を得ることになる。

歐洲大戰後に於ては何れの國も國民教育に益々力を注ぐやうになつて來た。

そして各國とも個性を尊重し能力の優れて居るものは益々其の能力を發揮せしめて國家有爲の人材を養成し、能力の劣つてゐる者もそれに適應する教育を施して國民一般の能力を向上せしめようとして居る。それ故個性尊重は國民教育と決して矛盾も牴觸もするものではない。

個性を尊重して學習を指導するには種々な方面に亙つて考へて行かなければならぬ。先づ個人の能力の程度に應じることである。能力の優秀なるものに對しては成るべく干渉を少くして獨自の學習をさせるが、能力の劣つてゐる者には指導を濃厚にして行く手加減がいる。

次は能力の方面に應じることである。頭の働きの優れて居る者は頭の方面に於て伸ばし手の働きの優れてをるものは手の方面を伸ばすことである。分科的に言ふと文學に長じて居るもの理科數學に長じて居るもの技術に長じて居るものと夫々其の個性の長所を助長發揮させることを意味して居る。これは社會組織の發達が分業組織になつてきたからの要求も大いに關係して居る。即ち分業組織は個人々々の長所を發揮させることに依つて大いに能率の向上を圖ることが出來るからである。

併し乍ら小學校に於て兒童が長所とし好んでをる教科のみを學習させて行つて良いかと言ふに、一般陶冶普遍陶冶と言ふことからも、國民教育義務教育といふことからも考へて行かなければならぬ。强制的に行かないで環境整理に注意し適當な指導に依つて、興味を持たせ自發的に學習させる樣に努めたい。又社會の分業組織が如何に發達してるると言つても、全体を理解して行く上からも適應と言ふ事からも一般陶冶普遍陶冶に注意しなければならぬ。

個性の典型といふことも學習指導に考へを要する。視覺聽覺筋覺の諸典型によつて指導の工夫が必要である。數學の學習に於ても、小學校の三四年時代から既に直觀派の典型と論理派の典型とが明瞭である。是に應じた指導法を考へなければならぬ。

各兒童の氣質といふことも指導に關係がある。又非常に理智的の者も有れば非常に感情的の者もある。更に兒童の境遇といふものをも考察しなければならぬ。

斯くの如く分解的に考へて見ても諸方面に亙つて考へを繞らして指導の工夫を要するが、分解することの出來ぬ所がある。即ち人格全體として觀た場合にも人格の閃き個性の現はれと言ふものがあつて、眞に學習をしようとすれば種々な施設經營から指導方法等微細な點に至るまで研究がいる。そして此の研究は非常に興味ある問題である。學級經營に於て研究しなければならぬ重要な方面である。

第三章　天下の教育者として生きる道

私共教員のうちには直接學級を受持たない校長や專科の先生がある。併し大多數は學級を受持つて居る。此の大多數の教員の生きて行く道は兒童に對する愛と熱とによつて兒童を良くし、學級の成績を高めそれを樂しむ事ではないでせうか。直接學級を受持たない校長や專科の先生も精神に於ては同じである。以下天下多數の教育者として生きる道について述べて見たい。

一　成功の看板は先づ學級の前に

私は師範を卒業して滿十九ヶ年になるが、この十九ヶ年間は附屬訓導としての生活で學級を擔任して來た。十九ヶ年間私の生命に躍動してゐたものは、「成功の看板は先づ學級の前に揭げよ」

といふ事で之れが私の信條である。即ち私が教員になつた初から今日まで一貫した考は兒童を愛し學級經營に力を注ぎその成績をよくすることである。口には如何に立派な理論を說き、筆には如何に卓越した論文を草しても、學級を擔任してゐる實際家として、自分の擔任してゐる學級の成績があがらず、兒童の實力が向上しないでは第一兒童にすまない譯であるし學校內の職員間にも尊重されず保護者にも信用を得る事は出來ない。

成功したいといふのは人情で何人も望む處である。私共教育實際家としては兒童の成績をあげることが成功の第一步である。兒童の成績をあげようとするには自分の實力を養ひ眞劍に兒童を指導し努力を繼續することが必要である。自分の受持つて居る學級の成績をあげ全校中の模範學級として行くやうにすれば必ずや人に一步を先んずる事が出來る。

時代の影響の然らしめる所か、人々が利己的に馳せ利巧に立ち廻つて自分の爲に利益を得ようとする傾向がある。其の結果眞に兒童教育のために働き學級のため學校のために盡すといふ犧牲獻身の精神が缺けて來て寒心に堪へない次第である。教育者としては眞に兒童を愛し兒童教育のためには自分の心靈及び肉體共に獻上して働く覺悟がなければならぬ。當局者も亦此の點に着眼して拔擢して行くやうにしたいものである。

二　學級經營の趣味

私共は教育の事に從ひ殊に一學級を擔任してこれを經營する以上は、これに對して趣味を持ちたいものである。動もすると教育の事を全く職業のやうに考へて、趣味を持たないで始業前にやつと出勤しては終業と共に直ちに學校を引きあげ、全く器械的にやつて居る人があるが、同じやるなら趣味を持つて愉快に働きたいものである。私は幸にして小學校の各學年に亙つて學級を擔任して學級經營をしたが、どの學年の學級を經營しても夫々非常な趣味のあるものである。

先づ高學年の學級經營に於ては仕上げの教育に趣味がある。高學年の兒童は知識慾が旺盛である。而かも自覺によつて自ら學習するといふことがよく出來るものである。それで教師は良く材料を精査し材料に對する實力があり感興を以て兒童を指導して行くと、兒童は必ず共鳴し彼等に滿足を與へ、大いに動機づいて學習に勵むものである。其から教師が或理想を以て精神的に教育して行くと最も徹底する時である。殊に自治的訓練の如き兒童を充分に信頼し彼等に責任を持たせて行くと、學級自治といふ樣な事は非常に面白く行つて、教師の手を取らないで兒童のみで學級を運轉するやうになる。そして兒童は精神的に教師を崇敬する。このやうに教師がしつかり教育をして置くと、學校を卒業した後に於ても永久にその兒童の精神界を支配するものである。

斯うして或は實業界に入り或は高等の學校に進み或は軍人になつても、高學年で教育された精神を以て夫々奮闘して呉れるのを見ると、これ程愉快な事は無い。之は高學年の仕上げの教育をした者の味ひ得る所である。其の代りに高學年の教師が努力を缺き精神的教育を怠つたならば、教師の人望は忽ち地に落ちて仕舞ふものである。

私は嘗て教育した兒童がどうした事か軍人を希望して、その學級の者が現在六名程陸海軍の將校になつて居る。是等の生徒が士官學校在學中、いつも手紙を呉れて居たが、その手紙には屹度「先生から教育してもらつた精神を持つて勉强してゐます。」と書いてあつた。そして其の中の一人の生徒が大演習において、陛下から恩賜の菓子を頂戴した。其の生徒は「自分は頂戴した丈けで滿足です。それで半分は國の親に、半分は先生に。」といふ手紙をつけて恩賜の菓子を書留小包にして送つて呉れた事がある。又其の中の他の一人の生徒は士官學校を優等で卒業して、陛下から恩賜の時計を頂戴した。東京から兵庫縣の篠山聯隊に赴任する途中「先づ先生を喜ばせたいと思つて寄りました。」といつて、其の恩賜の時計をもつて名古屋から關西線によつて態々奈良の私の宅に立寄つて呉れたものである。この生徒は今度目出度く陸軍大學校を卒業して次のやうな書面をくれた。私は心から感謝せずには居られない。何といふ有難い事であらう。

謹啓

今般小官儀陸軍大學校ノ課程ヲ終了シ歸隊ヲ命ゼラレ候是レ一ニ平素御懇篤ナル御指導ニ俟ツモノト深ク御禮申上候

尙將來ハ一層ノ御垂敎度賜茲ニ謹而奉懇願候　敬具

大正十三年十二月一日

篠山歩兵第七十聯隊　陸軍歩兵中尉　園田晟之助

最近に於て小學校を尋常一年から六年迄受持つて卒業させた兒童で中學校の四年生になつて居る者がある。三度續いて私の宅を訪ねて吳れた。生憎私は不在で逢ふことが出來なかつた。停車場に行つた序に何の用事か生徒の宅を訪ねてやつた。すると「私は中學校の四年生から高等商業の試驗を受けようと思つてゐますが、大阪高商より神戶高商を受けたいのです。大阪高商の事なら試驗先生に相談の樣子を聞く事が出來ますが神戸高商の事はよく明りませんから、先生に相談旁々聞きに行つたのです。入學試驗の學科は何々でせう。又受驗準備はどんな風にしたら良いでせう。」こんな話であつた。肝腎な私が知らないから、「それは中學校の先生に相談したが一番よく明るではないか。」と言ふと、「中學校の先生には一身上の相談に與つて下さる先生はありません。」と涙を零してゐる。中學校の優等生であるが、此の生徒の眼には不幸にして中學校の先生の中には一身上の相談をする先生を發見し得ないで、小學校の時の先生である不肖の私に相談に來た譯である。私は神戸高商の先生には誰にも知つた人がないので、色々調べて居る中に、私の知つて居る奈良女子高等師範學校の卒業生で神戸高商の教授の奥さんに行つて居る人がある。其の人に手紙を出して尋ねた處、詳しい返事が來た。中學校の四年生からは入學が出來ない。五年卒業して受驗をする樣に。そして之々の學科の準備をするやうに。と言ふ事であつた。其の生徒は非常に滿足して一生懸命に勉强して居る。斯樣に高學年の教育は仕上げに大變な趣味があるものである。併し大學を卒業して來ても、小學校の先生は子供扱ひをすると言ふ事を聞くが、之れはお互に注意して親しみを續けると共に人格を尊重したいものである。

低學年の教育は兒童が教師を神の如く崇拜して一日一日と伸びる所に言ふに言はれぬ趣味がある。尋一の兒童が初めて學校に入學した時には西も東も解らない。全くの白紙である。それが日に日に解つて行き、一字二字と覺えて行くのは實に樂しみなものである。而かも此の時期の兒童は少しも邪氣が無く、天眞爛漫であつて教師を神の如く崇拜する。或時屋内體操場での朝會の話に、乃木大將の偉いことを何日も聞された事がある。尋一の兒童が今までは先生が一番偉いと思つて居たのに、數回に亙つて乃木大將の偉い話を聞された爲に、先生より外に偉い人が有るかといふ疑問を起したと見え、朝會がすんで教室に這入つた後尋一の兒童が「乃木大將と先生とはどちらが偉い。」と發問した事がある。私は其の時すかさず「どちらも偉い。」と答へて置いた。此の樣に兒童が教師を尊敬して懐いて來る處は實に可愛い、ものであつて、此の趣味は低學年の教師でなければ味ふ事は出來ない。殊に學習指導といふことは、尋常一年から築き上げて來ると面白い研究が出來る。そして低學年の時は高學年よりも伸び方が著しいものである。

中學年には中學年に相當の趣味がある。それで私共教育者は教育に對する趣味を持ち信念を有して愉快に教育の事に從ひ、精神的に生きて行きたい。私は如何にしても學級教育の趣味をすてることが出來ない。此處に教育者としての精神生活をしたいものである。

學習法は更に學級經營の趣味を偉大ならしめるものである。教師本位の行き詰つた方法では教師も兒童も意氣消沈して精神的の樂しみが少く生き生きした處が無い。兒童中心の學習法は兒童が潑溂たる元氣を以て日々伸びて行くのは無上の樂しみである。そして教師本位教師中心の教育法を經驗した事は學習法に對する一層の自信を持つ所以であると見る事が出來る。即ち兩者とも經驗し研究した今日、兩者を天秤にかけて冷靜に公平に批判して見ると、どうしても教師本位に歸することは出來ない氣がする。

殊に私が希望したいのは男女の青年教育者諸君に對してである。青年教育者諸君は殆ど一學級の擔任者である。元氣旺盛であると共に比較的係累が少いものである。それで此の際に於ては全力を學級經營に注ぎ兒童の成績を向上させたいものである。愛の全部を兒童に捧げたい。若い時は二度ないもの、全勢力を盡して兒童敎育の任に當りたい。師範學校を卒業して四年五年の間が最も大切な時である。一日も早く自覺して着實に學級經營に力を注いで兒童の實績を擧げる樣にしなければならぬ。之が成功の近道で教育に趣味を持つ譯である。それに此の大切な時機を遊んで暮し三十才越えて思ひ當る人があるが、それでは遲い。此處に青年教育者諸君の自覺と奮起とを希望して止ない譯である。

第四章　學級經營の根本條件

一　學校の空氣

學級經營の當面の仕事は一つの學級の成績をあげるといふ事であるが、孤立的に出來るものではない。學校全体の空氣と有機的の關係をもつものである。學校の空氣といふものは實に偉大なものであつて、學校の空氣がよく出來て居れば學級經營の成績はあげ安いが、學校の空氣が悪いと學級經營の成績は容易に擧るものではない。

そこで先づ學校の空氣を良くして行かねばならぬ。それには職員の自覺と協同一致と言ふ事が何より必要である。教育の如き精神的のことは融和した空氣の中に於て行はれる、無意識的な自然の影響が大きいものである。此處になると「人の和」が第一といひたい。

人の和といつても盲動的消極的な「御無理御尤も」では進歩がない。違つた意見のある事はよいが保守的破壞的でなく進步的建設的でなければならぬ。かくて融和の中に清新で潑溂たる生々した所が慾しい。

學校の首腦者は普通の學校に於ては校長であるが、校長と部下職員との充分なる了解が大切である。學校は首腦者一人の考で動くものではなく、殊に一學校の空氣を良くするためには、校長は部下を了解し部下は校長の心を察して行かねばならぬ。畢竟治者と被治者との關係がうまく行つて、治者は被治者を理解し、被治者は治者の心を察して行かねばならぬ。兩者互に意志の疏通を圖り有機的關係を以て運轉して行く樣にすれば、學級經營もしやすく學校全体の成績も高まり、隨つて敎育の効果を收める事が出來るものである。

職員の中でも中心に成つて行く者は良く校長を輔佐して學校のよい空氣を濃厚にして行くことに努める。殊に首席訓導の任務は非常に重い。校長自身が卒先して行はれぬ事がある。校長自身が餘りやると部下の職員が煙たがるから實行方面は寧ろ首席訓導が卒先してやらねばならぬ。併し首席訓導は決して威張つてはならぬ。又自己のためを計つてはならぬ。他の同僚を尊重し極めて平民的に充分胸襟を開いて同僚間の意志疏通を圖り、むしろ自己は棄てゝも同僚の爲に盡してやらねばならぬ。そして所謂下情上達の道に努め不平なく職員全部が働ける樣にする。斯樣にして校長に心配を掛ける事を出來るだけ少くして行かねばならぬ。一方校長の計劃なり方針について眞に學校の爲を思ふ念から出た考は充分に述べる事が必要である。そして後學校長の計劃方針を充分に了解し共鳴してそれを職員全部がうまく實行する樣に努める。それには同僚ともよく語り合つて實行の空氣を濃厚にし、實行の先驅者を以て任じなければならぬ。之には萬難を排して奮鬪努力する覺悟が必要である。校長の實踐躬行より首席訓導の實踐躬行が大切である。

要するに一學校の空氣をよくするには表に立つ校長が第一であるが、隱れて女房役に當る首席訓導が先づ自覺して献身的に行はねばならぬ。此處に成るも首席訓導は日夜修養に努め智情意の圓滿なる發達を圖る事に一歩でも近づいて行かねばならぬ。

二　學校長の學校經營

1　學校長の主義方針

學校長は一定の主義方針を持つて居て、其の主義方針は職員兒童に徹底させなければならぬ。夫れには學年末、又は學年始に於て學校經營の方針即ち自己の理想に就て職員全部に説明しなければならぬ。自己の理想とはいふものゝ專制的の考では良くないから、職員の意見をも集めて輿論を尊重する事が大切である。即ち自治的立憲的でなければならぬ。之が爲には毎年三月十五日か三月二十日頃を期して學級經營報告をさせ分科受持からは受持ち教科の學習指導報告をさせるが良い。それには其の學年に於ける學級並に教科經營の經過と更に將來に對する意見を網羅したものがよい。之は學校に流動して居る空氣であるし、今後流れるやうにする空氣の方向でもあるから校長は之を參酌して方針を定めるがよい。尙監督官廳の考を參考する事も必要であらう。學校長は方針を定めて發表した以上は鞏固な意志を以て方針の實現に努めねばならぬ。

2　統一と職員の長所の發揮

學校長は學校全體の統一を圖つて行かねばならぬ。統一はよいけれ共餘り專制主義で干渉するのはよくない。また餘り無干渉もよくない。要は大綱を捉へて細部分は各職員を信頼し大いに個性的の色彩を發揮させるがよい。細部分まで干渉して訓導の人格を認めない事に成ると訓導は受動的になる。各訓導をして發動的に出る樣に指導すると學校內の活氣が旺溢して生々して來る。

誰人にも長所が有る。各職員の長所を認め所謂「適材適所主義」で各職員を生す樣にする事が校長として最も大切な處である。人は己を知る者の爲に命を棄てゝ働くものである。認められ任せられると必ず責任を持つてやる。校長は見識を以て部下職員を導くことは勿論必要であるが、人は理窟だけでは動くものではない。血と涙で動く事が大である。其處で校長は部下職員を愛し充分に同情して行かねばならぬ。而して各職員の人格を認め各全能を發揮させる様にするのが學校經營の上手な校長である。

3 先づ中心學級から

全體の職員が並行する事は結構であるが、却々望めない。そこで先づ職員の中の誰かをして中心學級を作らせて先がけをさせるが良い。之は何も依怙贔負する譯ではない。學級經營を良くさせるために中心點を作り之から次第に波紋を描かせ、空氣を濃厚にして行く爲である。それで中心學級に成らないでも不平を持つてはならぬ。中心學級の經營者は一生懸命で經營の任に當つて模範學級を作る考で努めて行く。他の者は同情的建設的態度で其の中心學級を守り育てゝ行く様にする。この際決して嘲笑的嫉妬的態度に出づる様な事が有つてはならぬ。皆で中心學級を守り育てると共に他の學級の兒童をして參觀させるが良い。參觀の意義は中心學級の行つて居る事を模倣させるので無く、學習態度學級空氣を移す爲である。劃一的な學級を作る爲ではない。斯くして次第に學級經營の空氣を濃厚にして行く樣にする。

偖て職員の中には如何しても校長の心を察して吳れない人がある。即ち中心學級に依つて波紋を描かせ樣としても波紋が及ばぬ人がある。時には校長に反抗する者もある。之を如何にするかと言ふ事は校長としては最も苦心であると思ふ。自分の意見と違ふからと言つて、壓迫してはいかない。又敬遠してもいかない。度量を大きくして自分の抱擁性の中に入れる樣に努めるがよい。即ち波紋を描いて行く時に岩が有ると、其の岩の個性を生かし、岩の存在を認めながら向ふの方へ波紋を及ぼして行くやうにする。

誠心誠意を以て當人と充分に意見の交換をして意志の疏通を圖る事が大切である。能力の低い人は低いながらに全能を發揮して吳れたら夫れで結構である。併し如何しても行つて吳れぬといふ事で有つたら、「自分の意見が合ふ所に轉任してはどうか」と何處までも其の人の爲を思ふ誠意を以て榮轉の道を講じてやるが良い。意見が合はぬといふ事は自分の主觀に照しての事である。多くは人物全體を見ないで一局部を見て其の人物を判定して居る事がある。其の一局部の缺點を捉へて郡役所市役所等に行つて當局に彼是言つて本人の了解を得ないで轉任させる事は本人を殺す事になる。本人の爲に盡せるだけは何處迄も盡してやると言ふ考が欲しい。

4　職員會

學校の空氣の作成と實行の促進の機會としては職員會が第一である。職員會に於ては學校經營の經過に就て反省をし又話し合ひをする。それで學校長から指示する事もあらうし、各職員から學級經營の經過なり學校全體の運轉なりに就て意見を述べる事もあらう。前回の職員會に於て協議して決めた事なり學校長が指示した事に就ては、其實行の如何を確めて行つて改善の實をあげなければならぬ。之は各學級主任から一々實行の報告をするが良い。更に將來に就ての協議をして行く。職員會に於ては意見を腹藏なく述べるが良い。僅の意見の如何に議論をしても感情を挿まないと言ふことが最も肝要である。

衝突を根に持つて職員會後まで悪感情を持つと言ふ事は禁物である。度量を大にし協調の氣分を持つて居なければならぬ。夫れで腹藏なく意見を述べて其の意見が用ひられなくとも氣悪くしてはいかない。

學校長は職員の意見を可成採用し各職員の長所を認め職員をして發動的ならしめる樣に努めなければならぬ。そして職員會で一旦決議された事は假令反對であつても實行しなければならぬ。反對の意見は決議される前に充分述べるが良い。

5 **朝會** 學校の空氣の作成と實行の促進の第二の機會としては朝會である。朝會の目的は一言にして言へば空氣を作るのであるが詳しく言へば、學校統一の機會、團體的訓練の機會、職員兒童會合の機會、常識養成の機會、趣味養成の機會、協同一致規律等の精神涵養の機會である。

朝會の行事としては學校長の訓話事項として、國家社會の出來事、學校內の出來事、訓練上の統一事項等である。又週番訓導の訓話も有つてよい。其の外唱歌（校歌）とか體操とかを合同でやり、又學藝會を行ふのも面白い方法である。そして學校長なり週番訓導なりの訓話事項は各學級で學級主任が其の學級兒童に適應する樣に具體化し敷衍して徹底を圖つて行かねばならぬ。

朝會の回數に就ては一週間に何回とかきめてやり又每日行ふものもある。全校合同の朝會は每日やらなくても良い。一週間に二三回やつて他は各學級で學級朝會をするが良い。學級朝會では、學年の程度に應じて其の學級に適應した朝會が出來、且訓導の個性を發揮する事も出來、學級夫々工夫した朝會が出來る。

私の考では全校合同の朝會は月水土の三回とし、月曜の朝會は一週の初に當り餘り小言を言はないで光明を認めさせ、何かピンとした處のあるがよい。其で校歌位を歌つて伸び伸びと教室に入つて學習に取掛るが良い。水曜日の朝會は全校集つて學藝會をして趣味的會合とするが良い。次に土曜日は週末會合として放課後にするが良いが、低學年の兒童が歸るなら低學年兒童が歸る前にする。或は土曜日は低學年と高學年とを別けて低學年部は低學年の授業の終つた後高學年は高學年の授業後にしてもよい。そして此の際は週末の決算報告として一週間の經過についての反省をして見る。所謂小言を言ふ必要が有つたら此の週末會合に於て言ふことにする。そして月曜は小言無しに朝日の出る心持で進ませて行きたい。

奈良女子高等師範學校附屬小學校では、現在毎週月曜に全校合同の朝會を行ひ、主事の訓話が有り週番訓導が訓話をする事もある。主事の訓話には「一週間の初めであるから各々考を定めて學習をして伸びて行く樣に」と言ふ樣な意味のお話が有る。私は之れを聞くと前途に光明を認め益々伸びて行く樣な氣がする。一体朝會に於ける話は兒童のみ聞く可き者でなく職員も兒童も良く之を聞いて共に共に訓話の精神の發揮につとめて行かねばならぬ。主事の訓話の後有名な幾尾先生のタクトによつて皇后陛下御下賜の「春日の山」の校歌と「伸びて行く」の歌を一同が歌つて學習室に向つて學習にいそしむのが常である。

又毎週水曜には全校合同して朝會を行ふけれ共、此の際は順番に依つて定められた三個學級が各三分間内外の時間を標準とし各工夫した學藝を演ずる事になつて居る。そして殘りの火木金土の四日間は各學級で朝會を行ひ、各工夫を凝らして居るが却々面白い。尚全校の大學藝會は一ヶ年間の學習發表として例年三月十日の陸軍記念日に公開的に而かも大々的に開催する事に成つて居る。

6　講堂訓話

講堂訓話も又集會教育として價値が有るものである。校長教員の記念日講話其他名士の講話等で有るが、兒童中心の學習法によると、兒童が學校運轉者に入らなければならぬ。それで記念日などは各學年から總代の兒童が出て話をする事が極めて意義ある事になる。例へば國民精神作興詔書の御下賜記念日に於て尋常五年以上各學年から總代が出て詔書に對する覺悟を述べたが誠に有効であつた。

尚程度の違ふ兒童を一堂に集めて訓話する事は不徹底に終り易いから、低學年部、中學年部、高學年部の三つ或は低學年部、高學年部の二つに分けて訓話をした方が訓話する人もし易く、聽く方からいつても徹底し易い。

運動會學藝會等を始め諸會合を考へて行かねばならぬ。

7 學級自治會及び學校自治會

學校經營は校長單獨では出來無いので職員の意見を大いに參考して行く可き事を述べて置いたが、學校は教員のみで運轉するものでは無い。兒童を運轉者として尊重して行かねばならぬ。學級經營を兒童の學級自治會によつて進展させて行くと共に、學校經營を全校兒童の全校自治會によつて進めて行くやうにしなければならぬ。學級自治會に就ては後に詳しく述べることにして、學校自治會に就ては簡單に述べて置きたい。各學級から集つて來た委員に依つて學校全体の事について自治會を開いて改善進歩を圖らせる樣にする。或學校では兒童が廊下を疾走するから、此の學校自治會によつて「廊下を走らない事にしよう。」といふ話合ひをして廊下の要所要所に兒童が掲示した處がすつかり止つたと言ふ事を聞いて居る。斯樣にして兒童自治によつても學校經營を進めて行く事を考へる事が大切である。

8　時間割

時間割は各學級別にきめる事も有るが學校全体として考へねばならぬ問題である。先づ兒童の自習時間を特設するがやうな事は全校職員と兒童とが自覺して此の時間を利用して能率を擧げる樣にしなければならぬ。兒童の自習時間を學校經營に於ける施設として特設する事が極めて有効である。而して之は法令の範圍內で出來る事である。

自習時間を置く時機は一日の最初、中間、最後と大体三樣ある。最後に置くと自然復習、補充に使はれる樣になり、中間に置くと息拔きになる感がある。最初に置くと自然當日の豫習になり易い。最初に置くと當日の計劃を兒童自身が立て、且當日の時間割にある敎科と密接の連絡をとる上に有効である。最初に置ても職員兒童が自覺して此の時間の能率を擧げる事が根本問題である。

現在奈良女子高等師範學校附屬小學校では一日の最初に特設學習時間として一時間設けてある。此の一時間は其の日一日中から普通一回の授業四十五分であるものを四十分とし、十五分の休憩を十分として產み出したものである。隨つて教科の時間數を減ずる事なく、又授業の最初と終後との間を延長すること も無く、普通五回區分するのを六回に區分したまでである。

尙學習法に依つて見ると時間割に同教科二時間續きの必要を感ずる事があり、二時間續きで無くとも接近して同教科を配置した方が一般に便利である。兒童が充分充實した獨自學習をして相互學習をしたいと言ふ時は熱の冷めない中に行つた方が大いに能率が學がる。是等の點を參考して時間割と言ふものを研究する必要がある。

9 研究會 次は研究の方面である。職員には理論と實地との兩方面の研究をさせなければ成らぬ。そして理論と實地とは可成孤立し無い樣にして兩者互に連絡あるやうにする事が必要である。學校に於ける研究はそれが兒童敎育上に貢獻するもので無ければ價値が少い。それで研究授業をする時には研究問題を捉へそれに理論的根據を持たせて、それを實地に現はす樣にしてお互に意見を交換するが良い。例へば國史學習に於て情操陶冶と言ふ事が問題なら、それを實地指導者が先づ意見を定め其の意見に依つて實地授業をなし、指導案には研究問題に對する意見をも書いて置いて職員の批評意見を徵すると言ふ事にすると極めて有効である。

又學級經營に關する研究會を開いて、打合せて經營に關する研究を發表させる事も必要である。理論研究と言ふのを別に行つて新刋書の紹介批評等を行ふのも有益である。

職員の研究を獎勵して行くには如何しても時間と經費を與へなければならぬ。時間の節約としては出來る限り事務簡捷によつて能率を高める必要がある。尙職員自身で空しく時間を費さないで「時は金なり」と言ふ金言を守つて、一分一秒の時間をも惜しんで能率をあげたい。人生の成功の如何は、多くは時間の利用如何にある。又經費の方は職員自身が書物を買ふ事の出來る樣に餘裕を與へる事が望ましいが、それが出來ないとなれば、學校に於て絕えず新刋書を購入する樣にしなければならぬ。月刋の雜誌なども同種の者だけで無く、可成色色の雜誌を讀める樣にするが良い。それには學校で取れるだけ取つて、あとは職員が交換讀をするが得策である。雜誌と言ふものは書物よりも先きに新らしい意見や研究を知る事が出來る。

尙教科目の研究であるが、總べての敎科に亙つて一樣に研究させる方針と一二の敎科を深刻に研究させる方針との二つある。小學校は普通敎育殊に一敎員が多くの敎科に亙つて指導するやうになつて居るから、一通は總べての敎科に亙つて研究しなければならぬが、人の精力には限りがある。夫れで一通研究した後は自分の長所とし趣味を持つ敎科に向つて深刻に研究させ、而して職員相互に相補益する樣にする。且小學校も高學年は分科受持制度を採用して其の敎師の長所に就いて兒童をして學ばせる樣にしたい。

又研究のために理事等を設けて研究問題の調査、研究事項の整理等をさせるが良い。

要するに總べての職員の長所を認め其の長所を發揮し得るやうにすれば、各職員が積極的發動的に活動して學校の運轉が面白く行くものと信ずるのである。

10　内をかためると共に外をかためる

學校經營學級經營をうまくするためには、學校の内部をかためると共に外部をかためなければならぬ。殊に學習法を實施しようと思つたら、父兄懇談會等に於て學校の方針を話して理解を得て置く必要がある。家庭との連絡にも注意しなければならぬ。更に當局者や議員や有志にも理解と同情とを得ることに努めて行く。さうでないと内部はうまく出來てゐても外部から反對され破壞されることがある。學習法に於ては父兄や議員に實地參觀をしてもらつて從來の敎育法と異つてをることを了解させて置くがよい。學習法展覽會として兒童が工夫創作したものや學習ノートや學習過程の成績のあらはれて居るものなどを展覽するのも效果が多い。

このやうにして父兄議員有志當局の理解と同情とを得ると共に、學校長は豫算の計上を始め經濟的方面に於て充分なる活動をして、出來得る限り學校經營學級經營上の經費を多く得ることに努めなければならぬ。

三　學級經營者の兒童に對する愛と熱

學習法を盛に實施して居る學校に正教員といふ肩書は無いが、學級經營の任に當つて頗る成績をあげて居る先生がある。大正十三年十二月十七日其の學校が學習法の公開授業をした。私は招かれて行つた。此の先生が當日の花形で尋常四年の算術の學習指導をされた。兒童の學習態度がよくて實力が餘程ついてゐた。先生の說明に「學習指導では熱と努力が大切である。」と言ふ事であつた。私も平素からさう思つて居つたので非常に共鳴した。正教員とか准教員とか代用教員とか資格よりも教育者が眞に兒童を愛し最も眞劍に努力して行くことが尊い者である。

一體兒童が活動しないのは教師との融和の足らぬ事に原因する事が多い。即ち愛の不徹底に原因する事が多い。或處に蝶子と言ふ今年尋常一年の子供が居た。或日父親が此の蝶子を連れて親類にいつた。蝶子は非常な恥しがりでその親類の家の人は勿論雞が恥しいと言つて食事もしない。所が其の中に次第に馴れ融和するに連れて親類の近所の人を友達として遊ぶやうになつた。學校ゴッコをすると自分が先生に成つて一番快活に活動した。本當の學校に行くと恥しがつて本を讀まない。人の前などでは勿論活動しない。

是れに引代へて姉の花子は盛んに活動する。妹の蝶子はまだ先生との融和が出來てゐない。姉の花子は先生と充分の融和が出來てるて先生との精神交通があつて先生を全く信頼して居る。愛の徹底融合一致は兒童活動の原動力で有る。之が敎育の眞髓學習指導の要諦である。學級經營をする者は充分に兒童を理解し眞に兒童を愛し熱心に兒童を指導しなければならぬ。而して其の熱は一時的で無く努力の繼續が大切である。此の根本精神を學級經營者が持たぬならば決して學級經營の實績をあげる事は出來ない。

第五章　學級編制と學級擔任

一　學級編制

(一)　能力別編制の可否

個性を尊重し能力に適應したる學級指導をする爲に能力別に學級を編制して、優組劣組に區別して取扱ふ方法がある。此の方法を採らうとして其の批評を求める人も隨分ある。先づ此の方法の利と認められる點は次の樣な事である。

1　學級内の兒童能力の差が比較的少いから教師の方から言ふと指導がし易い。即ち優には優に相當した取扱をなし劣には劣に適應した指導をして行くのに便利で有つて、教師は餘り骨を折らない。

2　兒童は夫々能力に適應した指導を受けるから無理が少く馬は馬連れ牛は

牛連れで行ける。殊に優等兒の學級は學習材料の進度も進み易く、又深く學習することも出來易いから効果が著しい。

3　學級の相互學習に於ても大體に於て能力が似てをるから活動する兒童が比較的多く成る譯である。そして能力の差異の少いと言ふ事から刺戟や奮鬪も多い事になる。即ち能力類似の間に眞の激勵がある譯である。

4　兒童將來の目的から見て都合がよい。殊に優等兒の中には中等學校へ入學希望をもつて居る者が多いから、入學の目的を達せしむるには適當な方法がとり易い。

次に此の方法の缺點とする所を擧げて見よう。

1　實社會的の訓練が出來無い。實社會は優者も劣者も强者も弱者も相混じて共同生活をして居る。それを能力別に編制すると言ふ事は社會的の下稽古が出來ない。世の中はお互に了解しあふ事が必要である。殊に優者强者は劣者弱者を理解して之に對する同情と言ふものが大切である。能力別編制はこんな事が出來ないから社會政策から言つても譽むべき事では無い。學校や學級は實社會的に組織され、其の團體内に於て個性を尊重し才能を發揮させるやうにする事が望ましい。

2 眞の共同學習が出來ない。眞の共同學習は

(1) 相互補助をすること

(2) 切磋琢磨すること

(3) 興味有らしめること

(4) 自他共に伸びること

である。此の目的を達するには優中劣の兒童が混交して居る事が必要である。特に優者のみが一所に集つて自分共だけ進んで行けば好いと言ふ利己主義に流れる事の無い様に、優劣が相互補助をして行く樣にしたいものである。

3 劣等兒の學級では能力近似のため刺戟奮勵がある樣であるが、動もすると教師も兒童も自暴自棄して益々能力の低下する事がある。特に教師其の人を

得ないと劣等兒の組は實に悲慘なものである。教師其の人を得て自ら進んで劣等兒の學級を受持ち劣等兒の救濟に當る興味と努力とを持つた人でなければ駄目である。

能力別學級編制をした學校では動もすると優等兒の學級だけを參觀させて、其の効果の大きい事を吹聽して劣等兒の學級を隱す所がある。優劣兩學級の兒童の學習狀態を精密に觀察し且其の實力を調査して批判をしなければならぬ。

4　學習法には學級内に數人のリーダーが欲しい。即ち學習の先驅者先導者があつて學級内の學習空氣を濃厚にし學習の進展を圖る事が大切である。所が能力別の學級編制をすると劣等兒の學級は所謂どんぐりの勢比べに成つて學習の進展を見ることが出來ない。

私の知つて居る學校で學習法を實施したが、能力別の學級編制をして居たのでで優等兒の學級は學習法がうまく行はれたが、劣等兒の學級では如何にしてもうまく行かない。そこで學級編制の方法を改造して劣等兒の學級にも優等兒や中等兒を交へたところが、夫れから後はうまく行く樣に成つた實例が有る。だから優中劣混交にして置けば優等兒からの刺戟暗示を受けて能力を培養してもらひ、劣等兒も伸びる事が出來る。

5　優等兒學級の劣等なものは劣等兒の優等な者に劣る樣な事になつて、此の兩者に對しては能力別編制の精神に矛盾した取扱をする事になつて不幸を見るやうになる。若し此の不幸を救濟しやうと思つたら、兒童の成績の如何によつて適宜に編入替をしなければならぬ。

編入替をすると材料に缺けた所が生じて來るからそれを補充する必要がある。能力別に學級を編制しても、大體進度を同一にして深みだけを異にして行くと、編入替の時には材料の聯絡には都合が好いが、優等兒學級の兒童を伸ばす上からは材料の進度を進める必要がある。併しかうすると兩學級の聯絡が取れない事になる。材料の進度を進めないで練習だけをして行くのでは優組を編制した效果が少い。詰り兩學級の學習材料の研究を餘程愼重にしなければならぬ。

6　教師の論理的用意と兒童の心理的學習とは必ずしも一致しない。能力別に學級を編制して優等兒の學級にはこんな材料、劣等兒の學級にはこんな材料をと教師が種々考へて用意しても、それが兒童の實際の學習要求なり學習方法なりと一致しないことが多い。

斯くなれば苦心して能力別の編制をした効果がない。寧ろ優中劣混交で優中劣共、各々自ら材料を取らせる樣にして學習指導をした方がよい事に成る。要するに能力別編制が良いと言ふのは、教師本位の考で教師中心の教授をするのには便利である。且智能の教育からは優つて居る。併し兒童中心の學習に依ると優中劣混交してゐる處によい處がある。殊に實社會的の人間を作ると言ふ上からは能力別編制は良くない。動もすると今の教育は智的教育に流れ易い。性格陶冶全人教育と言ふ事を考へなければならぬ。教育は學で無く術である。即ち「こつあひ」が大切である。

劣等兒は優等兒の十遍働く中に一遍か二遍働けばよい。又優等兒が十の事を理解收得が出來たら劣等兒は其の十分の一か十分の二の理解收得が出來たら良い。時には只だ潜在意識とだけ成つても良い。度重る中に現はれて來る。丁度庭園の池を埋めるに石を運んで來て投げ込むのと同じ譯だと考へたら大違ひは無い。初めに投げ込んだ石は池の底に沈んで水面に現れてゐない。併し何回も何回も石を投げ込むと、度重なつて遂には水面に石が現れるやうになる。

優等兒は良く發言もし發表もするが、劣等兒は發言や發表をしないと言つて大變に苦にする人が有る。全く發言し無いでは困る。可成發言する樣に指導する事は望ましいが、一學級内の六十人が六十人喧しく行つたら、具合良く行くものでは無い。それで發言し發表する者もあれば、之を聽いて居る者も有つてよい。模範町村等を御覽なさい。町長か村長に偉い人がゐて其の町村が立派に成つて居るではないか。學級内も優劣混交で何人かの優等兒がゐて良くなるのだ。之が實社會的であつて、學習指導も面白いものである。

只特に優等な者特に劣等な者の爲に特別學級を編制する事は宜しからう。止むを得ざる條件によつて止むを得ざる事をして居るのが、劣等兒の特別學級や優等兒の特別學級と思へば良い。

能力別に學級編制をするならばよく調査研究して實施したい。殊に兒童の個性を考へて編制しなければならぬ。例へば優等組に入ると一番出來ないでも奮發する者も有れば、優等組に入つて出來ないと意地ける爲に不良になる者もある。後者の兒童は中等組に入つて中等組の優等兒と成つて大いに活動して發展する者である。又劣等組に入ることを希望して劣等組で滿足して活動する兒童もある。夫れから保護者の了解を得る事や教師の配置等も考へなければならぬ。特に劣等兒組の爲には眞に劣等兒指導に興味を持ち、同情と忍耐とを以て努力する良教師で成ければならぬ。

尙能力別學級編制を實施された學校や實施されてをる學級では、種々なる方面から研究して公平に發表される樣に希望して止まない譯である。

(二)　男女別編制の可否

學級編制上問題になる今一つは男女の關係をどうするかと言ふ事である。勿論一つの學年で一學級しか編制が出來ない時は問題に成らないが、一つの學年で二個學級以上の學級を編制する時には考究しなければならぬ。

男女兩性の補益と性別に應ずる取扱ひとの二條件を考へなければならぬ。尋常四年頃迄は男女共學に依つて兩性が互に補益する事が多い。且性別も甚だしい事はない。それで男女共學することに依つて一方が犧牲になる事も少い。つまり尋常四年頃迄は男女別の學級編制よりも、却つて男女共學で編制した方が良いやうである。

尋常五年以上になると、性別が著しくなつて來るから性別に應じた指導が必要に成つて來る。學科の關係などからも男女別に學級を編制するが便利である。殊に尋常五年以上になると男女混交の學級では、多くの場合女兒が男兒の爲に壓迫されて犧牲になり易い。此の點から言つても尋常五年以上は男女別の學級編制がよい。

奈良女子高等師範學校附屬小學校では現在尋常四年迄は男女共學の學級編制法になつてゐて、尋常五年以上は男女別の學級編制法に成つて居る。

都會の兒童と田舍の兒童とは多少異なる所もあり、一つは習慣にも依るものであるから、其の邊の事情をよく研究して學級編制をしたいものである。

二　學級擔任

(一)　學年固定法と學級持ち上り

學級擔任の仕方には學年固定法と學級持ち上りとがある。學年固定法は六年なら六年を毎年擔任して行くので此の方法は其の學年の取扱に就ては要領を得て行く。殊に尋常一年の受持の如く十何年といふ間一年ばかり受持つて一年ならばお手のものといふ人がある。畢竟先生の方から言へば同一學年の學級經營を毎年經驗し研究して行く事が出來る。兒童の方から言へば、毎年異つた先生から指導を受けて、どの學年の兒童も、公平な教育を受ける事になる。併し一年間しか同じ兒童を取扱はないから個性を充分研究して是れに應ずる指導をすることは出來難い缺點がある。

次に學級の持上りは同一兒童を持ち上つて行くから、繼續的に學級經營をする事が出來る。又兒童との親しみが出來、兒童の個性もよく明り、兒童を伸ばして行くのには最も都合がよい。併し教員が揃つてゐない學校では良い先生に受持たれた兒童はよろしいが、さうでない先生に受持たれた兒童は不幸である。

地方の先生から度々耳にするのは高等師範の附屬邊りは持ち上りであるから兒童を伸ばさうと思つたら幾何でも伸ばす事が出來る。併し地方では一年限であるから伸ばす事が出來ない。假令伸ばしても次の年には他人に渡さねばならぬから伸ばしても次に受持つ人に迷惑をかける事になるから出來ない。即ち持ち上りでない爲に興味が少く熱と努力とに缺け易い。

人の弱點は他人が之れまで育てて來た兒童を受持つと他人の缺點が眼につき易いものである。尋常五年で算術の問題作りをさせやうと思ふけれ共、尋常四年生を受持つた人が力を入れて居ない爲に加減乘除の形式算ですら不確實で困ると言ふやうな話を度々聞く。新らしく兒童を受持つと其の兒童を理解してよく親しむ樣になるのには早くて一ヶ月は掛る。普通の人で一學期掛る。どうかすると一ヶ年棒にふると言ふ事になる。斯くして敎育の能率を擧げてゐない事が多い。此の點は餘程考究しなければ成らぬ問題である。高等師範の附屬の樣に尋常一年から六年までの持ち上りは又考へ物であるが、地方ではせめて二ヶ年か三ヶ年の持ち上りは出來ないものであらうか。例へば尋一と尋二、尋三と尋四、尋五と尋六と言ふ樣な持ち上り制度にするがよいやうである。併し其の間に於て職員の組織から考へて行かねば成らぬ事もあらうが、毎年受持ちが替り、甚だしいのは一ヶ年の中に二人も三人も受持ちが替るのは兒童には可哀想である。

此の點に就ては市視學郡視學などの當局も考へて戴きたい。餘り頻繁に而かも無意義に敎員を轉任させない樣に。轉任させて激勵することも一つの方法であらうが、兒童を愛し學級經營に對する趣味と努力とを奬勵して、教育の能率を上げる樣に指導して戴く事である。勿論教員の轉任問題には色々な事情が有ることは承知して居るが、腰を据えて粘り強く成績をあげる樣に努めさせたいものである。

(二) 學級擔任と分科受持

近頃の學校經營學級經營の一傾向は、分科的組織を加味する事である。即ち從來の樣に學級主任が總ての教科に就て受持つのでなくて、教師の長所を利用し分科受持の制度を加味する事である。分科的組織は確に材料の研究、實地指導の準備を經濟的にする事が出來、教師に自信あらしめ徹底した指導を期する事が出來る。隨つて教育の能率を增す事になる。

此の組織の缺點とする處は教科目相互の連絡が困難である事と、兒童の訓練の統一を缺き易いと言ふ事である。訓練に損失があると言ふことに對しては高學年の兒童は學級主任を理想の人物とするものではなく、多くの教師に接し各敎師の長所に向つて尊信しそれに因つて自然に人物を陶冶せられるものであるから、訓練上から言つても却つて分科的組織がよいと言ふ說もある。併し中等學校はいざ知らず、小學校に於ては假令高學年と言つても訓練の全責任を帶びて居る人が無いと、事實上よくない樣に思ふ。

最近の事であるが、地方に於て分科的組織を極めて濃厚にした學校の校長の話を聞くに、思つたやうに効果が無く兒童が伸びて吳れないと言ふ事であつた。其の原因について其の校長と懇談したが、學級擔任ほど分科受持ちの人は兒童を理解する點がなく、且兒童に對する愛と熱とが如何しても足りない。此の點について研究と努力とを要するものであらうと話した事があつた。殊に或學級を擔任して居て分科受持を兼ねて居る人は、自分の學級で分科的の敎科を指導する時には充分の馬力をかけるが、他の學級の分科的敎科の指導にはそれ程氣合が掛から無いと言ふやうな缺點もある。

其處で學級擔任で出來るものは、なるべくやる事にした方がよいが、地理・歷史・理科等の實質教科と圖畫・手工・唱歌・體操裁縫等の技能科に分科的組織を適用する事が適當である。そして教科目相互の連絡に注意し、どの教師も兒童を好く理解し熱と努力とを以て兒童の教育全體に對する責任感を持つて行き、學級主任が居てそれ等の統一を圖つて行くやうにすれば分科的組織は確に有効な結果をもたらすものである。

尚分科的組織を取入れた以上は、自習時間は勿論其の他の場合に於ても可成兒童を學級から解放して各教師の長所を採らせる樣にする事が必要である。どうかすると學級擔任の受持つて居る教科には兒童が熱心に學習し、學級擔任者も兒童を獨占し勝ちになる。此處は分科受持教師の熱と努力の足り無い點があるかも知れないが、學級擔任者は兒童を獨占する事の無いやうに且分科受持教師ともよく意志の疏通を圖つて、兒童をして分科受持の方へも勸めて行かせ、且其の教科を熱心に學習するやうに奬勵して効果を收める事に心掛けねばならぬ。

第六章　學級經營の方法

一　學級經營の基礎

さて愈々學級を經營するに當つては、色々な事情を考へて行かねはならぬ。先づ土地の事情即ち鄕土の自然人事と言ふものをよく理解して居なければならぬ。農村ならば農村に適する經營法を採り、都市ならば都市に適する經營法を採らなければならぬ。其の土地の人情風俗等をも理解する必要がある。次に學校の性質學校の事情も好く了解しなければならぬ。學校の經濟的事情·校地·校舍·校具の設備等を理解し、之に適應すると共に進んでは之を利用し改善するといふ事を考へて行かねばならぬ。夫れから其の一學校を經營する學校長の主義方針の理解である。學校長の主義方針に盲從する必要はないが、之を理解しないでは兒童に對しても矛盾が起り學級經營の成績が擧らず、教育の効果を收める事が出來ない。

自分が直接受持つて經營の任に當る學級の性質を知つて置く必要がある。學年の程度から低學年か中學年か高學年かといふ事、能力の如何から優等兒學級とか劣等兒學級とか又優劣混淆とか、概して能力が優つて居るとか劣つてゐるとか言ふ樣な事である。男女關係から言つても男のみとか女のみとか男女共學とか言ふ事である。

更に進んでは學級の兒童をよく理解する事である。兒童の位置境遇と言ふ方面で、兒童は學校家庭に於て如何なる位置境遇にあるかと言ふことを明かにし、兒童の身體の狀況及び精神の狀態、各教科の學力等を知つて行かねばならぬ。是等の事を研究するに當つては共通觀と差別觀とに立つて、學級の兒童の通性と個性とを研究することが大切である。個人研究に於ては個性調査の項目を一覽表にして其の項目に照して研究する仕方は、動もすると調査の爲の調査になつて、個性調査簿としては立派なものが出來るが、其の後どうするかと言ふ活用の出來ないものになり勝ちである。其處で個人研究簿は各個人に一頁宛作つて個人についての性質の長所短所、教科の長所短所等を出來るだけ具體的に記錄を作る。而して直ちにそれが活用の出來る樣に長所を如何にして發揮させ、短所を如何にして救濟するかと言ふ樣にして活用を圖つて行かねばならぬ。兒童の要求を顧慮する事も忘れてならぬ。教師の獨斷で行くことは禁物である。

其れから私共の從事して居る小學校の教育は何れの土地何れの學校で有つても國民教育である。其處で國民教育としての時勢の要求時代の趨勢と言ふものを考へて行かねばならぬ。例へば國民精神の作興に關する事とか、或はメートル法の實施とか、是等の事は學校經營、學級經營に於ては實現に努力して行かねばならぬ。

國民精神の作興に關する詔書の御下賜記念日には私の學校では式をあげ主事

及び職員數名のお話があつた上に、各學級から總代が出て詔書に對する覺悟を述べた。私の受持つて居る尋常五年の男の組では其の日教室で國民精神作興詔書實行方案と言ふものを各自に立て、それを一綴にして教室の後方に掛け、各實行に努めお互に實行を督勵して行く樣にして居る。又メートル法に就ては學級の兒童が尋常三年になつた初め、即ち大正十一年の四月からメートル法の學習法をさせて徹底を圖ると共に家庭にも及ぼす事に努めて來た。

斯樣な事情の上に立つて學級經營をしたいと思ふが、事情を顧慮する際に消極的態度を採らないで、進歩的積極的態度を採ることが最も肝要で有る。私の處は田舍です。私の學校は貧弱です私の學級は兒童數が多くて兒童の出來が惡い。と斯う言ふ樣に消極的態度で初めから棄てて掛る人がある。之では進歩向上する事が尠い。

私は奈良女子高等師範の附屬生活の十四年間中、選拔した兒童は一度も受持つた事はない。優劣混淆で非常に手を要する兒童もある。兒童の數から言つても、今こそ男のみで三十餘名で有るが尋常一年から四年の終までは玉石混淆男女共學で六十餘名も居て少からず苦心したものである。併し私は決して棄てなかつた。選抜してないから出來ぬのが當然だの、人數が多いから出來ないのだ等とそんな弱音は一度も言つた事がない。玉石混淆なりにも人數が多いなりにも行つて見たいと言ふ勇氣と努力でやつた。勿論選抜した兒童のみの學級の樣には成らないかも知らぬ。又愚を移して賢になすことも出來ない。併し能力に應じて伸ばし學級の事情相當の發展はしたかの感がある。此處は奮發一つで或點までは行けるものである。

最後に特筆して置き度い事は、學級經營者としては自己の見識理想を以て以上の事情に色づけることの大切な事である。校長に盲從し責任感なく不定見では駄目である。校長の主義方針は理解して居なければ成らぬが、自己の個性人格理想によつて個性的色彩が無ければならぬ。之が無いものは精神的に死んで居ると言つても過言ではあるまい。

二　學級經營の責任者と全員の活動

學級經營の責任當事者は其の學級の成員全體である。特に私の考では兒童の力による學級經營の進展と言ふ事を重く見たいのである。而かも特殊の兒童でなく全員の聯帶責任といふ事にしたい。隨つて私の學級では級長と言ふ者を作らない。どの兒童も各其の能に應じて學級の爲に働かせる事によつて、自分は出來るものだといふ其處に自尊心が生じて人格が認められる。それと共に各兒童が學級を愛し協同一致して學級をよくしようといふ念が強く、彼等の自治心と責任感とによつて、學級の進度を圖り學級の成績を高める事が出來る。

何れの兒童でも何かの役に立つものである。學級の淸潔整頓の如き每日の掃除當番の外に兒童一人一人に各の希望を參酌して淸潔整頓の受持を定めるがよい。自分の受持は絶えず責任を以て淸潔整頓の任に當り、更に進んで學級全體に眼をつけて他人の受持でも好意をもつて淸潔整頓をして行くやうにする。斯うすると清潔整頓の成績が非常によく成る。

現在私の學級に於ける清潔整頓の受持は次の樣にして居る。

兒童學習の成績箱	吉本　鈴木
教室前方の書棚と机	松本
紙屑籠	椿井
鉛筆削り	池尻
綠色板	椿井
踏臺二つ	藤本
桿秤	横田
物指類	米田
リットル升	東
グラム秤	東
花瓶	木下　山内

北側の窓西	上田　俊三
北側の窓東	寺瀨
南側の窓西	藤枝
南側の窓中	吉岡
南側の窓東	西出
塗板拭	上村
小黑板	辻本
置秤、圓壔類	山中
ビール瓶サイダー瓶	上田幸治郎
竿	關
廊下及廊下の窓	衣川　椿井

參考棚上	鈴木	後方の戸の棧	山中
參考棚中	中村	後方の戸の溝	衣川
箒、塵取	藤木	前方の戸の棧	上田幸治郎
雜巾	池尻	前方の戸の溝	西出
バケツ	本田	算術の實驗實測道具棚	米田　東
ボール二つ	寺崎　山內	學級圖書棚	木下　鈴木
學習新聞、學習材料陳列棚	永田　森田	ピン	寺崎
時計	木下　中村	學習豫告板	藤枝　米田
陳列圖書	鈴木　細井	ストーブ	俊三　西出

次は學級全員三十二名を四人宛にして分團を組織し、一方に學習の相互研究相互補助に利便を供すると共に、四人の一分團が毎日交代で學級當番に成つて、次の任務に當つて學級の運轉を圖つて行く。

一　勤務

1　學級全體の學習の用意をすること
2　學級の清潔整頓に注意すること
3　掃除當番の檢閱をすること
4　書方の用意と後始末をすること
5　食事の用意と後始末をすること
6　學級の行儀に注意すること
7　日誌を書くこと
8　自治會の主催をすること

二　日誌の書き方　　何月何日何曜日　姓名

1　勤務（つとめをしたこと）
2　善かつたこと
3　惡かつたこと

更に兒童の希望に從つて自治會部署を次のやうに定めて自治的に學級經營に

當たらせる。

1　整理部　清潔整頓の統括をして行き、清潔整頓を各自が受持つて居るのを更に纏め清潔整頓の勵行を圖つて行く。

2　學藝部　學藝會の世話をなし、學藝會の發達を圖つて行く。

3　圖書部　學級圖書の請求整理貸借の係をして學級圖書の活用の任に當り圖書部の發達を圖つて行く。

4　實驗實測部　算術の實驗實測の道具の請求整理の係として、實驗實測の發展を圖つて行く。

5　學習新聞部　修身、算術、地理、讀方等各教科の活材料及び參考材料と成る學習新聞の蒐集整理及び其の活用の任に當り學習新聞部の發達を圖つて行く。

6　裝飾部　教室の裝飾を考へ教室を美的にする事に努めて行く。

7　學習園部　學習園は全員で作業するが、特に責任を以て學習園の經營に當つて行く。

二　學級經營の責任者と全員の活動

8　運動部　運動も全員がするが、運動道具の請求整理保管の任に當り運動の發達を圖つて行く。

9　出席調査部　日々の出席調査の任に當つて行き、且出席奬勵をして行く。

10　學級會計部　毎月の學用品費の徵收を始め、學級に關する金錢出納の任に當つて行く。

11　保護者後援會委員　保護者後援會の學級委員として後援會の手助けをする。

12　幹事　各分團の分團長を以て當て、學習其の他特に必要な協議をして行く。

三　受持教員の特徴發揮と共に全的發展

學級經營に於ては學級を擔任してをる教員の個性が發揮され、學級の特色を作るがよい。誰の學級は國語、誰の學級は算術、誰の學級は國語算術共にと言ふやうな風に特色ある學級を作る事はよいが、特徴のみに偏して他の學科の成績の悪いことはよくない。どうしても受持教員の特徴によつて色づけられるものであるが、受持教員の特徴のみによつて偏した教育をすることは兒童を害なふものである。

そこで學級擔任者は特徴を發揮すると共に短所の救濟に注意する必要がある。それには學科なり學習材料なりを多方面に亘つて研究しなければならぬ。兒童の個性に應じて指導する事になると教師が一方に偏して居ては指導が出來ない譯である。

教師自身が出來るだけ多方面に亘つて研究すると共に、環境を多様にして行く様に努める。教師も環境の一つであるが、教師の外に實物・標本・模型・繪畫・參考書・地圖と言ふやうなものを豐富に提供し、人と言ふ教師の代りに環境によつて學習させると教師の短所が補はれる。個人指導と言ふやうなことを人と言ふ教師一人で相手になつてやる事は不可能な事である。

四　各兒童の趣味特徵の發揮と學級の進展

次に私が特に重きを置いて居ることは、各兒童の趣味特徵の發揮と學級の進展と言ふことである。卽ち兒童の長所を以て敎師の短所を補ふやうにする。兒童は本當に敎師より偉いところがある。從來の敎師中心の敎育は敎師の感化と言ふ事のみを力說したものであるが、兒童中心の學習では兒童の感化影響を受けることが夥しく、兒童が伸びると共に敎師も伸びる。誠に結構な方法である。

そこで敎師は何處までも共學的態度であつて慾しい。此雅量がなくては兒童を伸ばす事が出來ないと共に、敎師も伸びない。又學級の成長發展は望めない。敎師だけが偉いものとし兒童を劣つたものとして敎權を振廻すのはよくない。斯樣にすると、敎師に對する敬虔の念は如何と心配する人があるが、そんな心配はない。假令兒童の長所を取入れて學級の進展を圖るやうにしても敎師に對して不信任を來することはない。

併し普通教育であるから、兒童の趣味特徴の向ふ所だけ學習さして、嫌ひなものをしないと言ふ事があつてはならぬ。嫌ひなものでも成るべく興味を持たせて學習させるがよいが、又自覺と努力とによつて學ばせ、嫌ひなものでもそれを辛抱して學習するやうにしなければならぬ。併し一般的普遍的に學習したら其れ以上は趣味特徴とする方面を伸ばしてやるがよい。而してそれを學級の進展に利用しなければならぬ。國語の上手なものによつて學級の國語の發展を圖り、圖畫の上手なものによりて學級の圖畫成績を進めて行く樣にする。即ち兒童の力による學級經營の進展を考へる事が大切である。

此ために私の學級では學級全體の兒童が學習研究部を作つてゐる。そして大體兒童の希望によつて、修身部・讀方部・算術部・綴方部・地理部・歷史部・理科部・圖畫部・體操部・唱歌部と言ふやうに各科の學習研究部を設けてゐる。勿論之は偏した教育をしようと言ふ譯ではなく、研究部に入つてゐないでも其の學科の深刻な研究をしてはならぬと言ふことは無い。要は學級全員の學習的活動によつて能率を擧げると共に學級の全的發展を圖りたい爲である。
各科毎に決定した學習研究部の部長・部員は主として次の事にあたるやうにして居る。

1　其の科の學習の進歩を圖ること
2　其の科の學習に於ては手本となつて先きがけをすること
3　其の科の學習研究物を集めること
4　其の科のノートを檢閲すること
5　其の科の成績物の檢閲整理をすること（漢字の書取、計算問題の答位は檢閲採點をさせる。）
6　時々其の科の問題を出して考査をすること
7　其の科の實力を高めること

五　分科組織の加味と各教師の長所採取

尚學級の全的發展を圖るためには、前に述べた通り分科的組織を加味して各教師の長所を採取するやうにすることも大切である。

六　學級相互の有機的關係

各學級が夫々特徴を發揮すると共に、學級相互の有機的關係を取ることに努め、長短相補ふやうにするがよい。各學級が特色を作ることはよいが、籠城的孤立的にならないで協同的に出たい。赤裸々な所を打ち解け合つて、同情的に批評をし合ひ、建設的に研究をして學級が共に共に進歩して行くやうにしたい。「先づ參觀は隣の學級から」といふ態度で同一學校內に於ける學級を相互に參觀しあつて見る。自分一人で籠城的に學級を經營して行くと、自然に主觀にのみ捉はれて頭を突込んで仕舞ふものである。それで他人の學級を參觀し他人から學級を參觀して貰つて研究する事は非常に反省の材料となつて進歩するものである。人間自然の情として孤立では行かない。どうしても相談相手が慾しいものである。學校內の他の學級を參觀して見ると假令惡くても他山の石となる。

又他の學級がよかつたら了解を得てから自分の學級の兒童を參觀させて見ることも効果がある。此際自分の學級の兒童を非常に誇らないものとして參觀させる事は兒童の自尊心を傷つけることになる。或點についての自重をもたせ其の上に向上進步を圖らせる意味にしたい。教師でも兒童でも自分が非常に誇らないものとして他人のよい所だけを參觀させると到底及ばない、出來ないと自ら棄てる事になる。そこで兒童教師學級の個性を生かす事が大切である。

七　學級經營法の立案

各學級の受持は學年始に當つて、學級經營法を立案して、學校長に提出するがよい。前に述べた學級經營の基礎の上に立ち實際的具體的に立案し、普通の教育學や教授法にあるやうな抽象的一般的の事を並べる必要は無い。又從來のやうに何れを教授の部に何れを訓練の部に何れを養護の部にと分類に支配される事もいらない。如何に經營して行かうと言ふ主義方針を定め其實現の方法については各學科別にまで亙つて、具體的實際的に立案して見るがよい。要するに自分のやりたい事を旗幟鮮明に書いたがよい。自分の立案したものには少々困難があつても實行力が強く、且實行の快感を感ずるものである。

學年始に於て學級經營案が出來たら學校長は之に目を通し一通り理解して置く必要がある。立案者と意見を交換する事はよいが、校長の意見通りにするのはよくない。學級受持の立案を尊重しなくては發動的學級經營は出來ない。

併し學年始めに學級經營案に就て學校長と學級受持敎師とが意見を交換したからと言つて、それで止めないで以後も繼續的に絕えず隔てなく學級經營についで打合せと意見の交換とをする事が大變に望ましい事である。學級受持敎師からは「學年始に立てた學級經營案が斯樣に進行してゐます。」とか「此頃は斯樣な狀態であります。」とか「斯樣な發展をしました」とか「こんな所で行詰つてゐます」とか學校長に持ちかけて意見を求めたがよい。又校長からも「君此頃はどんな風か」とか「うまく行くか」と言ふやうに出ては職員があまりけむたがら無い程度で懇談的に出てみる。要は充分なる意志疏通を圖つて學級及び學校の進展を企てて行きたい。

學級經營案として如何なる事を書けばよいかと言ふに、別に一定の形式を定めて書く必要はないが、一標準として立案の要項を示して見ると、

1　學級經營の基礎
2　學級經營の方針
3　環境の整理
4　各科の學習指導の方針と學習指導の實際
5　訓練養護方面の指導
6　學級經營の考査

などでよいと思ふ。

學習は生活の向上進歩を圖るもので、從來の教授、訓練、養護と言ふものは學習の中に含まれ、立派な人間になつて行くのであるから、訓練養護は切り離

すべきものではない。それで各科の指導中は勿論休憩時間中でも學習指導と言ふことで訓練も養護も含めて指導して行かねばならぬが、動もすると忘れられる傾向があるから、便宜項目を別にして掲げたのである。

八　學級經營經過の記錄と改造進步

私は學級經營全體に關した事は、學級經營研究錄と言ふものを作つてそれに記錄をして居る。又一方學科別に記錄をして居る。讀本・歴史・地理の如く教科書のあるものは教科書の各頁に記入すると共に第一頁の所に白紙を綴り込んでそこに總括的一般的のことを纒めて記錄し、之は理論を實際化したこと、實際から得た理論とを纒めることにして居る。又算術の如く教科書は參考として兒童の生活を基調として進めてゐる學科は算術研究錄といふやうな風にして居る。何れにしても時間の經濟と能率の增進とを考へて行きたい。

私は右の外に「學習問答」といふノートを作つてゐる。之は學習に關しての疑問なり問題なりを自分で摑んで解答して行く所謂自問自答の研究である。又他人から提出された問題或は暗示を受けた問題をも記錄して解決して行くやうにする。他人の言行等から感激を受けたことで學習指導上の參考になり問題解決の資料になることとも書いて行く。其の他兒童に對して實際指導して行く間に學習指導上の問題と之に對する學習事實を記錄し、更にこれから工夫創作をして行くやうにする。

こんな風に心掛けて行くと、絕えず創作的に研究を進めて行くことが出來、學級經營の進展にも新味が加はつて來るものである。

九　學級經營の報告

學級經營の樣子は纏まらないでも、折々職員會の際に報告するがよい。また學期末とか學年末に學校長に報告するやうにする。そして其の報告の結果は學校長の學校經營の資料にして行くと共に、次年度に同學年を經營する人の參考に供するやうにしたい。

第七章　學習の原理

學習法を實施研究して、理論を實際化し實際から理論を得、更に反省の結果長所は益々發揮させ、其の短所は之が救濟につとめてきたが、次にあげるやうな原則のもとに學習を指導し學級經營を進めて行くのが最も効果が多く且缺點を救濟することが出來るやうに思ふ。

一　自發的學習

何といつても、學習に於ては兒童が自ら進んで學習することが根本原理である。受動的では如何に良い授業であつても得るところが非常に少いことは事實である。自發的態度に於て學習することによつて學習の興味も次第についてき、努力の繼續も出來るものである。斯して眞に自己のものとなり自己が伸びて行くものである。自發的學習を基調として自己建設自己成長を圖しめねばならぬ。自發的學習に於ては無考慮無計劃の所謂思つきではよくない。必ずや計劃的でなければならぬ。學年の程度や能力の差異や學習訓練の如何等に依つて、計劃そのもの、濃厚と稀薄、適當と否との差別は免れないが計劃的であるといふことには一貫したいと思ふ。

即ち第一には「考を定めてから學習にかゝる」といふ目的の自覺といふものがなければならぬ。即ち有目的の活動であつてほしい。何物かの問題を捉へ目標をきめて學習に出發するやうにしたいものである。學習の出發に當つて考のきまつてゐる場合とさうでない場合、考のきまつてゐる兒童とそうでない兒童とは學習の能率をあげる上に大變な差があるものである。

初めの考は出來る限りしつかりきめて置くがよいが必ずしも動かすことの出來ないものではない。また教師も相談にのり、指導をして目的をきめさせてよい。殊に能力の低い兒童の中には考のきまりかねるものがある。そんな兒童に對して教師は充分に相談にのり指導してやる必要がある。

目的が立ち考がきまつたら、其の目的を達する方法を自ら工夫し計劃する樣にする。方法の工夫計劃に於ても教師の指導はあつてよい。併し初めから教師の考へた方法によつて而かも全兒童を律して行かうといふやり方は避けたがよい。初めは不完全でも兒童各自の立てた方法や或は兒童が相談協定した方法によつて、次第に完全に近い方法に築きあげさせるがよい。相談協定には兒童だけでなくて教師も加はつて差支へない。

方法の工夫なり計劃が立つと共にそれを實行して行く。實行をしつゝ又方法の工夫計劃が進む。それはよいがやりかけて僅の失敗や困難のためにそれをやめたり變更することは最も忌むべきことである。學習に於ては一度やりかけた事は假令困難なことがあつても、之をやり通すといふ意志が大切である。そこに努力的學習がいる。此努力的學習は一時的のものでなく、そこに努力の永續努力の繼續が必要である。

努力の結果成功すると成功の快感がある。此の快感を味はふと共に奬勵して行くと益學習の進歩がある。指導者はこの點をよく考へて行かねばならぬ。

次は學習が出來たらそれを見かへすといふ態度が必要である。學習のやりつぱなしはよくない。見かへすと共に自ら善いか惡いかを批判して、自分としては之でよろしいといふ自信を持つ所まで行かねばならぬ。自信ある所まで行つてをると、他人の前に於ての發表も躊躇しないで出來るし、他人の發表を聞いても一々强く響くものである。學習の心得としては「一心再思」といふことが必要である。

要するにプロジェクトをして、全我活動により全的生活をして適應の活動をして行かねばならぬ。全我活動全的生活をして居れば一朝事ある時には戰場にも立てるわけである。

二　創作的學習

兒童が自發的に學習し獨自の力によつて自己を敎育し建設することに重きをおくと、勢兒童の個性を尊重し創造創作を重じなければならぬ。學習は生活であり、而かも刻々の無限の創造生活である。生活の創造即ち學習の創造は算術でも國語でも地理でも歴史でも何でも兒童の創造性の發動を尊重して創造させねばならぬ。注入模倣では學習の發展進步がない。生活の更新改造は出來ない。これが創作的學習を學習の原理としてあげたわけである。

創作的學習の指導に於ては、資料提供即ち環境を整理し之に順應をさせて創造させるやうにする。それから兒童自身が環境創造によつて直接的に創作的學習をするやうに成らねばならぬ。例へば算術の學習で數量生活をさせるとすれば、實驗實測の道具を設備し、兒童をしてこれを活用させて問題を創作させるが進んでは兒童自身が郵便局で賣出しの公債募集廣告を持つてきて問題を創作するがやうに、數量生活の環境を創造して作問するやうにならねばならぬ。

次に兒童の長所をなるべく發揮させ、少しの成功でも之を認めて激勵して行くやうにするとよい。それから兒童が全く新しいものを産み出すことはなかなか困難であるから新しいものを産み出したら、それによつて圓差的活動をさせ絶對的新でなくとも相對的新を産み出させるやうにする。即ち一兒童の創作したものを示すことによつて他兒童はそれに暗示を受け、いくらか似てゐても個性的活動によつて全くの同圓でなく圓差の活動をさせるやうにして行く。初歩のものは模倣改作もゆるしてよい。たゞ無意識的の模倣改作にならないやうに、兒童各自の個性によつて工夫するやうにする。模倣的の自己活動は創作的の自己活動の根源である事を忘れてはならぬ。

兒童は吾々大人と違つて創造性に富んでゐるから、教師は環境の整理に注意し餘り干渉しないで自由に學習させると創作的學習が出來るものである。從來のやうに教師中心で教材を論理的に順序立てゝ教へるだけでは其の効果が尠いが、創造的活動の可能なるが如き環境を與へると兒童は驚くべき學習をなすものである。

三　學習經濟能率增進

兒童を中心にして自發的創造的に學習させることは、假令其の場では學習不經濟のやうに見えても結局は學習經濟となる。そして絶えず自己創造をして躍進に躍進をして成長し行くものである。併し學習の實際に於ては徒に時間を費し學習不經濟になることがある。この點に注意して行く必要がある。

また兒童中心の學習では一時的に流れて普遍化しないといふ人もある。其處には練習によつて普遍化する必要がある。徒に先へ先へと進まないで踏みしめ踏みしめして行く所謂鍛錬もしなければならぬ。

尙從來の教師中心の教育が結果主義にのみ捉はれたのに對して過程を尊重することになる。併しこれとても結果を顧慮しないではいけない。過程を尊重すると共に結果に於ても良好な成績をあげるやうにしなければならぬ。即ち能率增進と言ふことを常に考へて行きたい。かうして實績をあげ實力ある兒童になしたいものである。今日に於て既に實力に於て從來の方法より優つてをる證據をあげてゐると私は信じてゐる。

世間には兒童中心の學習で自發的創作的に學習させることについて疑を挿んでゐる人もあるやうであるが、能率を增進し優秀なる實力といふものが現れると、何人も疑なく贊成する樣になると思ふ。私共はかりそめにも敎育を弄び兒童を草紙にしてはならない。眞に兒童のために幸福と信じたことをやらねばならぬ。若し能率が低下し兒童の成績が劣るやうなことがあつては申譯のないことである。それゆゑ學習經濟能率增進といふことを學習の原理に入れたいと思ふのである。

四　情意の陶冶

學習法の眞髓は人間を作るにある。それには智情意といふものが圓滿に發達して行くやうにしなければならぬ。世間には往々智的に流れて情意に缺けはしつて居るものがある。私は智情意といふものは離れ離れのものとは思つてゐない。理性の働きによつて理解をしそれが根柢となつて始めて眞の情意といふものがあると思ふ。殊に情操は一言をもつていふと、明確な理解の上に熱をもつたものである。

併し世の中は所謂理屈ばかりでは行けない。人間の行爲は主として情意に發源するものと思ふ。それに學習法をやつたゝめに智的に流れるといふやうなことがあつてはならぬ。すべての場合に於て眞の人間を作るといふ考でなければならぬが、特に情操陶冶の教科に對して注意する必要がある。情操陶冶の教科として考へて行かねばならぬのは、修身・國語・歴史・唱歌等である。

感動の起らないところには情操の發達は困難である。しかし教師の説話によつて感情の押賣することが感動を與へるのに最も有利とはいへない。兒童自身に獨自學習によつて感動し、その感動を織り込んで相互學習に發表するやうになれば最もよい。之は訓練次第によつて必ずしもむつかしい問題ではない。私は目下國史學習に於て專ら此の方面の研究をしてゐる。若し兒童自身では充分の感動を得ず、又他兒童の發表によつて感動を起すことが出來なかつたら、教師の說話をしてもよい。兒童中心の學習であるから教師は說話してはならないと囚はれる必要はない。教師の說話により兒童には聽聞によつて學習させてよい。かうして情操陶冶が出來る。

又意志的方面も充分に陶冶しなければならぬ。すべて學習に於ては努力をして目的を貫徹することである。所謂最後の五分と言ふところが大事なところであるから常に此の點に注意して學習指導をしたい。

情意陶冶に重きを置き殊に人間味あらしめるには、藝術的施設を怠つてはならぬ。繪畫・彫刻等に關する鑑賞材料や裝飾・讀物等を精選して提供したい。

學級朝會等に於て折々兒童教師の感話をして見ることは効果が多い。實社會で見聞したことや新聞紙等に現はれた美談等を物語することである。次は一兒童が尋常五年の大正十三年十一月十七日に於て發表したものである。

感話

□あはれな男　　尋五男　一兒童

この間の雨降に道のしるいのをなんぎしてやつとのことで東向の本屋の方へいつた。

すると其の本屋の前に二十人ばかりの人々が立並んで何か見つめてゐる。僕の靴はどろ〳〵になつてゐるが、それにかまはず何事かと思つて本屋の前にと急いだ。そして人と人の間から首を出して見るとそこに一人のあはれな男がゐた。

天井のないやうな帽子をかぶつて、たくさんつぎ合せた着物を地面に引きづつてゐる。その着物は一面によごれてしりの所が一番よごれてゐた。手はどろ〳〵で、やぶれた足袋をはいて歩いてゐる。ひげが一面にはえてゐて、背中にかつぱをつけてゐる。

そんなあはれな男で、ここを通る人々は一度はきつと立止つてこの有様をながめる。なかには「あゝかはいさうに」といつてゐる人がある。僕もその一人で何事もわすれて一心にこれを見てゐた。そして「どうかしてやりたいなあ。」と思つてゐた。

しばらくして本屋のおかみさんがねまきのやうな着物を兩手に持つて、その男に

「この着物をこのかつぱの下へ入れときますから、着かえなさい。」

と親切にいはれた。その男は一言も言はず、たゞ頭を下げて本屋を立たうとした。同時にどろ〳〵した地面にすはつていく度も頭をさげた。

僕はそんなにしたら着物のしりの所がよごれるのはもつともだと思つた。さうしておつちらこつちらどこの本屋を立つた。僕も他の人もそのうしろすがたを見送つてゐた。ほんとにあはれな男でした。

第八章　環境の整理と環境の發展

一　環境の整理

1　**環境の意義**　學習指導で教師が苦心をし、工夫を要することは環境整理の問題である。環境整理といふと、單に教室内に物を置くといふことのみを考へる人がある。教室内に物を置くことも環境整理に違ひないが、眞の環境整理はさう簡單な問題ではない。教室内は勿論校舍校地から鄕土の自然人事更に天文地文等を含む自然等をも含めて考へて行かねばならぬ。即ち兒童を包圍してをるすべての物は環境である。尙物といふ有形のものでなく、物以外の心の方面精神方面の無形のものをも包含するものである。

2　**物的環境と開眼の訓練**　環境整理では先づ以て教師が物を置いてやる

ことが近道である。即ち兒童の眼前に學習材料を展開し、それによつて兒童自らをして學習させるやうにすることである。併し兒童は眼前に學習材料があつてもそれを活用することを知らないことがある。またそれから材料をとることが出來ないことがある。假令學習材料があつても、それを活用する眼がなく、學習材料との間に精神交通がなかつたら、それはまだ眞の環境とはいへない。丁度參考書や實驗實測の道具のあるところに犬をつれてきても、犬と其の物との間には精神交通がないのと同樣である。

そこで學習材料を活用し、その學習材料から新しいものを產み出す創造をさせるためには、兒童の眼を開かねばならぬ。それを私は開眼の訓練と名づけてゐる。そこで物を置いたら兒童をして成るべく自由にこれを使用させ、學習させて見る。するとそれから次第に芽が出てくる。そこを教師はよく注意してゐて指導して行くと、兒童の眼が發達して行くものである。開眼といつても單に眼を開くといふ意味だけではない。聽く耳をつくることや筋肉を練習することなども意味するものであつて、環境を自己發展にとりいれる頭を養つて行くことである。

3　學習氣分學習雰圍氣

如何に物が置かれても兒童にこれを活用する眼がなければ、所謂「寶の持ちぐされ」になつてしまふ。そこで教師が開眼の訓練をして行かねばならぬが、兒童が常に受動的立場にのみゐては學習は進歩するものではない。そこで發動的の學習氣分學習雰圍氣を學級全體に漲らせて行かねばならぬ。物的環境に對して私は心的環境といつてゐる。この心的環境は多くは物的環境が產むことが多いがまた逆に心的環境が物的環境を產んで行くものである。かくて兩者は相離れることの出來ない一元的のものである。教師は學校內部は勿論家庭社會に於ける學習の心的環境を整理しこれを濃厚にし盛にすることに努力せねばならぬ。學習氣分學習雰圍氣が出來れば學習が非常に行はれ易くなる。

4　集合制度よりも分散制度

物的環境として學習の參考書實驗實測の

道具を設備する方法としては一學校に兒童圖書室とか算術の實驗室とかを一つ設けてそこに集合的に物を置く方法と、これを各教室に分散的に置く方法とある。

集合制度によると經費は一通りでよい又そこに全部が集めてあるために便利な點もあるが、動もすると使用の能率があがらない。設備を觀せることになつて兒童の學習に活用されることが少くなり勝ちである。使用の能率を最もあげようと思へば、手近いところに設備することである。この點からいへば分散制度がよい。

理科とか地歷などのやうに高學年だけあつて而かも一週間の授業時數の少いものは集合制度でよいが、國語算術のやうに各學年にあり且一週間の授業時數の多いものは一つ位圖書室や實驗室があつた位ではなかなかうまく使はれない。それで學年相當のものを各教室に置くがよい。

併し經費の問題があるし、同一學年で數學級あるところもある。これ等の事情に應ずるためには集合制度と分散制度の折衷で行つたらよい。學校全體の圖書室實驗室を設けて高價なものはそこに置き比較的價のかゝらないものは數を多く備へて學年相當のものを其教室に置くやうにする。同一學年が數學級あるときには同一學年を一單位として集合的に設備してもよい。

5　教室の學習室化

併し出來得る限り各學級の教師と兒童即ち學級成員の全体が協力して自分の教室を學習室化する事に努めたい。教室の清潔整頓は大切であるが、教室は從來のやうに机と塗板だけしかないといふやうな有様では學習は出來ない。學習法を實施するならば從來の教室は學習室に變改されねばならぬ。分散制度が徹底して各教室が學習室になるのが私の理想であつて、私は其の實現に努めて居る。この學習室の樣子が其の學級の特色を發揮する一つになるものである。

そこで學級の圖書を陳列するところ、算術の實驗實測の道具を置くところ、地圖をかけるところを設けるとか。又兒童の作業用の簡易塗板をつくるとかいろいろ工夫したい。

6　**普通教室の特別教室化**　教室を學習室化して行くと共に普通教室を特別教室化したいといふのが私の考である。日本の現狀では理科や地歷や算術の特別教室を設けることの出來ない學校が多い。そこで普通の教室を各科の學習に適應させて使ふやうにしたい。算術の時間は算術の環境とし、讀方の時間は讀方の環境とし、地理の時間は地理の環境とし、各其の教科の環境と學習氣分をつくつて學習させるやうにする。かうすれば普通教室でも餘程間にあつて行く。私は每日四名の學級當番をして教科に適應した環境をつくらせ普通教室の特別教室化に努めさせてをる。

從來の四間に五間の教室でも出來ないことはない。室內が狹いときには廊下や昇降口などを利用したらよい。併しこれから校舍を建築するときには五間に六間それに廊下も一間半か二間としたいと思つてゐる。これまでは教室が廣過ぎるなどいつたものであるが學習法を實施すると教室が廣過ぎるなどのことはない。いくらでも活用して能率をあげることが出來る。

7 兒童家庭職業の導入

學校內の環境では勿論足りない。そこで手取り早い道は兒童の家庭職業を導入して行くことである。兒童は自分の家の職業のことはよくわかるものである。八百屋の兒童は八百屋のことを物的にも心的にもものつてくる。材木屋の兒童は材木屋のことを、農業家の兒童は農業のことをといふたやうに各兒童が自分の家の職業のことをもつてくると非常に多樣な環境が出來る。而かも學校の學習が社會化されて實社會的に學習が出來るやうになる。

併し材木屋の兒童には材木のことがよくわかるが、外の兒童にはわからないから、それは効果が少いと考へる人があるかも知れない。そこには特殊經驗の普遍化といふことを考へて行きたい。材木屋の兒童が材木のことを持つてくるならば理解が出來てゐて、或程度まで說明も出來ねばならぬ。それで必要に應じ說明をさせる。他の兒童は質問をするといふやうなことによつて、特殊的のものが次第に普遍化されて行くのは實に面白いものである。この點からいふと兒童の家庭の職業は種々である方が多樣な環境をとり入れることが出來る。

8 鄕土研究と鄕土の利用

學習は學習室のみに籠城しないで、大いに校外學習をして、實地實際實物について學習させるがよい。それには是非鄕土の研究をしなければならぬ。鄕土の研究をするには天地自然人事といふすべての方面からながめて次の三要項のもとに研究するが便利である。先づ第一には鄕土の主なる場所とそこに行つて學習の出來ることを研究して見る。第二には敎科書の事項を基にして鄕土の如何なる所に行つてそれが直觀的に學習が出來るかを研究する。第三には同一場所でも季節によつて違つた學習が出來るかをながめて研究して見る。

要するに環境整理は多方面に亙り環境の多樣といふことを考へて行かねばならぬ。

二　環境の發展

1　學習の行詰　學習は一時或程度までは進歩するものであるが、所謂學習の行詰といふものに遭遇するものである。此の學習の行詰といふものは環境の發展成長がないからである。環境の發展がないと、兒童は同じやうなことばかり循環して進歩がない。同じ環境では兒童がなれて、興味も少くなり意氣も缺けてきて寧ろ退歩することがある。そこで絶えず新味を考へて環境の發展を圖つて行かねばならぬ。

2　教師と兒童との協力　それには教師もいろいろと工夫をし苦心をして行かねばならぬが、教師だけではなかなか出來ない。學級の成員全體がこれに當つて行かねばならぬ。即ち教師の力だけでなく兒童の力といふものによることが肝腎である。兒童が自發的に環境を創造するやうにならねば本當のものではない。そこで平素から兒童をして環境の發展を圖らせるやうに指導もし、奬勵鼓舞もして行く。一例をあげて見ると、私が尋常小學國語讀本卷九第二十白馬岳の學習指導をした時、私と兒童との環境整理くらべをしたことがある。私が環境整理をしたのは次のものでした。

(1) 東京高等師範學校附屬小學校發行の教育研究大正十三年八月號口繪高山植物

(2) 教育畵報　第四卷百六十二頁百八十頁

(3) 夏休み中飛驒高山へ行つた際に持ち歸つた高山土產　日本アルプス繪葉書

(4) 同じく高山町附近の日本アルプス觀望圖

兒童は次ぎのやうなものを環境整理した。

(1) 芳賀矢一著　帝國讀本卷一（中學校用）第十九白馬嶽に登る。

(2) 藤井健次郎著　中等教育植物教科書（中學校用）口繪高山植物

(3) 矢澤米三郎河野齡藏共著　日本アルプス登山案內

(4)　日本アルプスと朝鮮金剛
(5)　科學畫報　大正十二年七月號
(6)　一兒童のノートの表紙繪高山と高山植物

私の四種類に對し兒童は六種類でした。「先生が負けて皆さんが勝ちです。こんなにして皆さんが自分から進んで學習の參考になるものを集めて學習するやうにしてほしい。」といつて賞贊すると共に奬勵した。絶えずこんな態度で行くと、兒童が自發的に環境の發展を考へて行くやうになる。

3　暗示啓發と相談協定　學習の發展は直接環境の進展によることが一番容易であるが、それで行き難い場合には敎師が暗示啓發をしてもよい。例へば算術の自發問題の構成と解決に於て面積體積の學習をする時、圓の面積を求める問題や圓壔の體積を求める問題は澤山出るが、圓の直徑を求める問題や圓壔の直徑や高さを求める問題のやうに逆の問題は少い。そんな時には「直徑や高さを求める問題を出してほしい。」と暗示啓發して行くがやうである。又これから進まんとする方面を兒童と相談協定して、それを板書してもよい。これも環境進展の指導法になる。

4 他人の學習成績と教科書

兒童がいろいろと獨自で學習した成績物例へば讀方の創作、綴方・地理・歴史・理科の研究物、算術の自發問題等の發表をなし、質問批評解決等の學級學習をして行く事は、それから暗示を受けて環境の發展を圖つて行くものである。教科書もまた環境の發展には大切なものである。

5 勞力と金力

環境整理といひ環境發展といふと、一時に多くのものを設備し、且悉く金の力によらうとする傾きがある。一時に多くのものを設備するよりも次第に新味をつけて發展的に環境整理環境擴張をした方がよい。而かも兒童の要求と發達とを考慮していつも新味あるやうに環境を發展させて行くことが最も効果がある。

又金がないから設備が出來ぬと、直ちに棄てる人がある。金はなくとも先づ卑近なものから始める。讀物でも兒童が個人でとつて讀んだものや家庭にあるもの教師のものを寄せ集める。算術の實驗實測の道具にしても、メートル尺センチ尺を竹棒や木に目盛りをして作るとか、十メートルの卷尺は麻繩でつくるとか要するに兒童と教師との勞力によつて工夫して行くことである。兒童と教師との勞力によつて工夫されたものの製作されたものは使用の能率があがることが夥しい。併し金力をからなければ充分な環境整理も環境發展も出來ない。そこで豫算で金をとつて貰ふなり、其の他の適當な方法によつて金の工夫をしなければならぬ。

三　兒童學習用參考書

私が學級を經營して兒童の學習を指導して來た經驗を基にして、どんな學習參考書を主として使用させ、また使用して來たかを一標準として揭げて見よう。算術の環境整理でどんなものを設備すればよいかといふことは拙者實驗實測作問中心算術の自發學習指導法に詳しく書いて置いたから、本書にはその方は省くことにした。

一 辭書類

芳賀自習漢和辭典	一、〇〇	芳賀剛太郎著	東京 至誠堂
新式自習辭典	〇、六八	橋本留喜著	大阪 寶文館
大正學生自習辭典	〇、七〇	小野康治著	大阪 駸々堂
模範學生自習辭典	〇、七〇	同	同
小學讀み方綴り方辭典	一、二〇	佐々政一 芦田恵之助著	東京 育英書院
言海		大槻文彦著	東京 吉川弘文堂
教育畫報	〇、六〇	教育學術研究會編	東京 同文館
日本六法全書	一、五〇		岡村書店

二 直接教科書の豫習練習補充用となる者

1 修身用

尋常小學修身書教師用	各〇、四〇	文部省著	
修身文庫お伽	〇、七〇	藤川淡水著	東京　敬文舘
修身文庫逸話讀本	一、〇〇	同	同
學校家庭修身の話	一、〇〇	川島次郎外二名共著	東京　目黑書店
少女美談	一、五〇	熊田葦造著	實業之日本社
少年美談	二、〇〇	同	同
優等學生勉强法	〇、六〇	實業之日本社編	實業之日本社
內外教訓物語	三、六〇	馬淵冷祐著	寶文舘

2　讀み方用

尋常小學讀本全部		文部省著	
外國の讀本から	一、四〇	眞田幸憲編	東京　目黑書店
讀方學習の仕方	上下各一、〇〇	山路兵市著	同　同
讀方と綴方	自〇、六〇 至〇、九〇	河野伊三郎著	同　同

學習物語　一郎の讀方	一、〇〇	秋田喜三郎著	同	同
標準國語副讀本	一冊〇、四五	東京兩高師訓導共著	同	同
鑑賞讀本	一冊一、二〇	田上新吉著	同	同
興國課外讀本	各〇、六〇	興國教育會著	東京	明治出版社
兒童文學讀本	上中下各〇、五〇	蜷川龍夫著	東京	目黑書店
課外讀本	一冊〇、二五	葛原𦱳著	東京	博文館
帝國少年讀本	一冊〇、三五	久留島武彦　小林源佐治共著		
尋常小學國語練習讀本	卷一〇、二五　卷二〇、二八　卷三〇、三二	友納友次郎　田上新吉共著	東京	目黑書店
第一種修正讀本		文部省著		
讀本自習書	一冊約〇、五〇	野澤正浩著	東京	目黑書店
尋常小學國語讀本學習字典	五年〇、三〇　六年〇、四〇	秋田喜三郎著	同	同
國語讀本教授書	二、〇〇			大日本圖書株式會社

3　綴り方話方用

自由畫童謠綴方	一冊一、二〇	大阪朝日新聞社發行	
最近兒童文集	一冊〇、二〇	岸田蒔夫著	東京　同文館
綴り方十二ヶ月		芦田恵之助著	東京　育英書院
話し方十二ヶ月		玉井幸助著	同　同
文と文話	〇、八五	秋田喜三郎著	東京　目黑書店
學校家庭綴方學習	一冊〇、六〇	五味義武著	同　同
面白く綴るには	一、二〇	吉田三男也著	南　光社

4　算術用

小學算術書教師用全部		文部省著	
算術問題の解き方極意	〇、六〇	木山淳一著	受驗研究社
入學準備算術寶鑑	〇、八〇	大葉久吉著	寶文館
國定算術の補題	五年〇、二五	犬飼栢太郎著	共同出版社
算術補充問題集	〇、二八	千葉茂著	南海書院

入學準備算術圖式法	一、〇〇	同	同
數學諸表	〇、三五	國枝元治著	寶文館
グラフの實用	〇、五〇	松下俊雄著	內外出版株式會社
グラフの補題	五六年各〇、二〇	榊原孫太郎著	受驗研究社
此の表圖と新式問題	〇、七〇	山本孫一指導	受驗研究社
小學算術補題集	各〇、二〇	清水佐生著	成象堂
算術標準問題受驗のいしずゑ	〇、四八	田邊晋八著	南海書院
通俗財話	一、八〇	東京朝日新聞經濟部編	日本評論社
新聞記事を説明したる經濟の話	二、二〇	永田與三郎著	東洋圖書株式合資會社

5 歷史用

國史學習の新研究	五年〇、四〇	山中忠幸著	大阪 交盛館
國史の研究	一冊〇、四五	小學教育研究會著	日本出版社
少年日本歷史	一冊〇、二五	巖谷小波 福田琴月共著	東京 博文館

小學國史附圖	五六年用 〇、六〇	菊地勝之助著	東京 目黑書店
新定國史附圖	〇、三〇	歷史研究會著	大阪 田中宋榮堂
國史美談	一、五〇	北垣恭次郎著	實業之日本社
國民日本歷史	三、二〇	高橋俊乘著	東京 富山房
小學國史物語	各 一、〇〇	菊地勝之助 大久保馨 共著	東京 目黑書店
學生の日本歷史研究	一、一〇	中等教育會編纂	日本出版社
趣味の小學國史	五六年用 上二、〇〇 下二、五〇	桂田金造著	文教書院
大日本全史	上中下各七、〇〇	大森金五郎著	富山房
6 地理用			
中等學校模範地圖	各 一、四四	東京開成館發行	
每日年鑑	一、〇〇	大阪每日新聞社發行	
朝日年鑑	〇、八〇	大阪朝日新聞社發行	

教科摘要學生の日本地理	一、五〇	龜井忠一著	東京	三省堂
地理の研究	〇、四五	小學教育研究會著		日本出版社
旅行案内	〇、二五			
學生の日本地理研究	一、一〇	中等教育會編		日本出版社
地理と地圖	〇、八〇	鶴居滋一著	東京	目黒書店
地理學習	五年用 一、〇〇	山内俊次著	同	同
趣味の日本地理	一、九〇	角田政治・橋本辰彦共著	東京	三友社
新しき世界地理學習	〇、四五	村井金三郎著	大阪	交盛館
地的考案を基底とせる最新産業地理	五、八〇	桑島安太郎・山崎清一郎共著	東京	弘成舍
鐵道旅行案内	三、二〇	鐵道省著	東京	博文館
教材研究大日本地理精説	上下各五、八〇	栗原寅次郎著		大同館

7　理科用

兒童疑問理科智囊	一、〇〇	堀七藏著	東京	同文館

兒童の疑問日常の化學	一、〇〇	同	同
子供の聞たがる理科の話	各一、五〇	原田三夫著	誠文堂
母の指導する子供の理科	一、二〇	神戸伊三郎著	東京 目黑書店
理科問題と答案	〇、六〇	橋本爲治著	成象堂
最新智識子供の科學叢書	各〇、七五	原田三夫著	誠文堂

8 其の他

中學校第一學年教科書	之れは兒童學習參考書となるのみならず教師の參考書となる
高等女學校第一學年教科書	

9 雜誌

伸びて行く	毎月〇、四〇	奈良女高師附屬小學校編	東京 目黑書店
赤い鳥	毎月〇、四〇	鈴木三重吉主宰	赤い鳥社

第九章　學習態度の養成

一　興味中心

私が學級經營をして行くのに、最も苦心をし且努力して行くのは、環境整理環境發展の問題と學習態度の養成學習訓練の問題とである。どうすれば兒童が自發的に學習するやうになるかといふ事については日夜苦心するところである。

學習態度の養成には理論的にも實際的にもいろ〳〵と苦心をして研究したが、何といつても先づ興味中心を第一としなければならぬ。興味あるところには自發活動が旺盛に行はれるが興味のないところには自發活動は少い。大人の生活にしてもそれが多い。例へばテニスのすきな人は冬の寒い最中にも夏の暑い盛りにも自ら進んでテニスをしてをる。これはテニスに非常な興味があるからである。大人でも此の通りである。況や兒童に於ては一層興味といふことを尊重して學習指導をしなければならぬ。學習態度養成に於ける一般原則としては興味中心でなければならぬと信ずる。興味中心で行くには如何にしたらよいかといふことを順次述べて見たい。

1　生活即學習

學習は兒童の生活の向上を圖ることである。そこで兒童の生活をなるべく其のまゝとり入れさせるやうにする。殊に初歩の場合に於ては家庭又は幼稚園に於ける生活をそのまゝ學校で生活させる。兒童は遊戯や唱歌や作業を好むからそれを學校にとりいれ、自然の生活をしてをるうちに學習化して行くやうにする。要するに最初は遊ばせ、好きなことをさせながら、自然自然に學習化されて行けばよい。殊に兒童各自の好むところから自然に學習態度を養つて行くやうに心掛けたい。

生活即學習からいへば、學習材料の選擇や學習方法が改造され、從來の教師本位大人標準のものが兒童本位になつて、兒童の生活に即して行くやうになると、自然學習に對する興味が湧いてくる。こゝに精神活動の興味が旺盛になつて自發的學習が出來るやうになる。

2 環境整理から興味を引く

何もないところでは無味乾燥で興味ある學習をさせることは出來ない。生活を多様にさせ、各自思ひ思ひ好きなことをさせるためには環境を整理して豐富にしてやらねばならぬ。又具體直觀の原則によつて學習をさせると必ず興味を以て學習する。抽象的の學習は興味の少いものである。そこで興味を以て學習させるためには環境整理から行くが近道である。

3 教師の趣味特徴とする教科から

すべての教科に亙つて並進的に學習態度の養成をすることは、理想としてはよいことであるが、實際はなか〳〵さう行かない。又兒童各自の好むものから學習態度を養つて行くことは望ましい事であるが、指導に骨の折れるところがある。そこで一面教師の趣味特徴とする教科から學習訓練をしてみると、やり易い。論より證據、如何に兒童本位兒童中心といつても、教師が趣味をもち特徴とする教科はいつのまにか兒童が趣味をもつやうになる。そして教師自身が趣味をもち特徴とする教科には自信があり熱と努力とが生じてくる。そこで此の教科から學習訓練をすると學習態度が出來易い。讀方の好きな教師は讀方から、算術の好きな教師は算術から學習態度の養成にかゝつてみる。學習原理は一貫してをるから一科の學習態度がよくなれば必ず他の教科の學習態度も出來てくる。

4　學習は容易と感ぜしめる

出來ないとか、困難だとか感ぜしめることは禁物である。學習は容易で組みし易いといふ感じをもたせなければならぬ。從來は困難であつて出來ないとか、下手だとかいふやうな印象を兒童の頭に非常に強く持たせたものである。これでは學習に氣乘りがしない。そこで教師の要求なども多くせず干渉を避けて、なるべく單純に易々と出來るやうにする。最初に困難と感ぜしめたり、下手だと思はせると、容易に取りかへしのつかないものである。

5 進んでは出來るといふ自信 そこでよく出來るといふ自信をもたせることが大切である。自分は出來ないといふ自棄の態度と自分は出來るといふ自信の態度とは學習態度の養成に非常な差のあるものである。併し慢心を起すといふことは進歩を妨げ寧ろ退歩の前兆であるから注意して行かねばならぬ。

6 成功の興味と賞賛激勵 兒童は粘土細工でも圖畫でも綴方でも算術の自發問題の構成と解決でも成功した時は非常な喜びをもつものである。兒童の成功をしたときは教師も共に喜ぶがよい。そして次第に成功の快感を自得するやうに指導して行く。成功の興味はやがて學習動機の旺盛となり、兒童の學習態度は益々向上するものである。

學習態度の養成に於ては兒童のした仕事を認めてやることが肝腎である。兒童の仕事を認めて賞賛すると共に一段進んでやるやうに激勵して行く。此の際學習についての評價を正確適切にして行くと學習態度の養成が最も有効に行はれる。

7　難點に對する同情と救濟　人は誰でも弱點をもつてをる。此の弱點を他人から指摘されることは一般に苦痛とするところである。兒童は大人と違つて自覺に乏しいから弱點をやかましくいはれることは非常な苦痛である。そこで算術の計算が出來ないとか。讀本の讀方が出來ないとか。それ等の難點に對しては敎師は深く同情をもたねばならぬ。難點を攻擊したり、一般兒童の前で非難するやうなことがあると、兒童の自尊心を傷けることになる。

深く同情をして救濟をしてやらねばならぬ。救濟に當つては嫌はぬやうに練習することが大切である。よく言ひ含めて了解をさせ自覺させて救濟が出來たら最もよい。そして救濟の結果其の點が進步して來たら、練習の効能を認めさせる。此の際敎師が救濟した功績は一切兒童に献上して兒童の功績としてやる。このやうにして行くと兒童は益々敎師を信頼すると共に學習に勵んで行くやうになる。

8　兒童の生活に遠いものは模擬生活　兒童の生活に即して學習指導を

して行くことは、學習に興味をもたせるわけであつて、すべての教科此の原則によるがよい。算術學習を此の原則によつてやつてをると、參觀人の方で「公債株式などは兒童の生活に即して行けますか。」と詰問的に出られることがある。公債株式の如きは大人の生活であるが、兒童に模擬生活をさせることによつて、興味を惹起し理解を容易にする。公債賣買の實習によつて必要感によつて學習させることも出來る。

9　學習其のものに對する直接興味

學習に對する興味の理想は學習其のものに對する直接興味、學科其のものを樂しんで學習することである。認められるから學習をするとか賞賛を得るために學習するとかいふ間接興味も兒童には必要と思ふが、兒童の學習態度の向上と共に、學習其のものに對する直接興味を尊重して行かねばならぬ。樂しんで讀方を學習し喜んで算術をするといふやうに學科其のものに興味を以て自發的に學習するやうになることが尊いものである。そして教師がゐてもゐなくとも學習を樂しんでなし、學校卒業をしても學問を好み、行を修め、身體の健康を増進して自ら生活の向上を圖つて社會的國家的に貢献するやうになるところを理想として行きたい。

二　學習の自覺的訓練

1　理窟で行くより經驗行動から　自覺的に兒童の學習態度を養成することは望ましいことである。併し下手に行くと兒童は學習は困難なものであるとか窮窟なものであるとかの感じを起して、學習を嫌ふやうになる。殊に低學年に於ては此の點を最も注意せねばならぬ。成功を急いで失敗するのは多くはここに原因する。

そこで先づ入り易いのは兒童に經驗行動をさせることである。經驗行動をさせて、興味をもたせると共に次第に自覺をさせて行くやうにすることが學習態度の養成には成功するやうである。

2　理想に向つての漸進　兒童の學習を指導するには理想がいる。兒童をどんな人間にして行くかといふことについての全體的理想も修身讀方算術地理歷史等の各教科に亙つても夫々教師の理想といふものが必要である。併し此の理想を示して一時に兒童を引上げようといふやり方は却つて實績があがらない。それで兒童が學習に於て經驗行動したことの上に適當に少しづつ理想に向つて指導して行くがよい。讀方にしても歷史にしても兒童が學んだ上に次第に讀方學習の理想歷史學習の理想に向つて行くやうにしたい。

併し此の理想といふものは固定的のものでなく、理想の向上進歩といふものがなければならぬ。此の理想の向上進歩は讀書や講演によることもあるし、兒童の學習指導の實際から發生することもある。殊に兒童中心の學習は兒童に即して行くことが大切と共に兒童から與へられたもので理想の向上進歩することが大である。此の點からいつて兒童中心の學習は兒童が伸びると共に教師も伸びるものである。併し學習指導に於ては日々伸びてゐる教師こそ眞に兒童を伸ばすことが出來るものであるから教師は絶えず修養して行かねばならぬ。

3 自覺による努力

學習は興味を第一要件として置いたが、兒童が次第に發達するに從つて、自覺的に自己に醒めて學習するやうに指導しなければならぬ。兒童の自覺をよぶには折に觸れ時に臨んで、自己を顧みさせるやうにするが、又機會あるごとに自覺を口述させ筆述させて見ることが効果がある。此の場合には眞の自己を投げ出させて見ることである。

次は勉學について一兒童が自覺を書いたもので、私が觀ても少しの飾りがなく眞實を述べてをると思つたからここに發表して見た。

勉學についての自覺

尋五男　一兒童

一　出來てゐること

1　僕は獨自學習はしつかりしてゐるつもりである。そして讀方、算術、うた、綴方などはよく出來てゐる。

2　家でもよく勉強してゐるからこれはよいと思つてゐる。

3　時間を大事にしてゐる。

二　出來てゐないこと

1　僕は靜かに落ち着いて勉强することが出來ない。

2　理科の獨自學習が出來てゐないことがあるからもつとしつかりやらうと思つてゐる。

3　學級學習の時に僕の聲は少し高過ぎる。

このやうにして、自分の長所と短所とを知り、長所を發揮し短所を改めようと努めるやうになる。そこに努力といふものが生じて來て努力的學習をする。其の努力的學習が次第に興味を生じてくる。

又尋常五年の夏期休業前後の短縮授業の際であつた。授業は午前中ですんだのに、十數名の兒童は「先生學校は私共の家より廣くて大變涼しいです。午後學校で勉强させて下さい。先生は居られなくても靜かに勉强して後始末も立派にして置きます。」といつて午後四時五時迄も勉强したものであつた。是等は全く自覺しての學習である。

4　兒童自治會と學習態度の向上

兒童のうちには自覺の速いものと、自覺の遲い兒童とある自覺の速い兒童の力によつて學級全体の兒童を早く自覺させるやうに、自覺の空氣を濃厚にして行くがよい。其の方法の一つは學級兒童全體の自治會である。此の自治會を放課後に開いて、學習態度の改善進步を圖らせて行く。

自治會によつて學習訓練の相談協定たしことは自治會の帳簿に記錄させるがよい。兒童の相談協定によつて出來た學習訓練を向上させる事項は澤山あるが、其の中で最も重要なものは自治會帳簿の第一頁に拔萃させる方法をとつて行く。かうして出來たものは學習訓練に關する兒童のつくつた約束であり規範である。從來校訓級訓といつて「勤勉であれ」「親切であれ」と規範を示して規範的訓練をしたものであるが、これは校長教員から天下りの規範である。從つて兒童は受身で自覺に乏しく責任感が弱い。ところが兒童の相談協定によつて出來た約束なり規範なりは、これに對する自覺なり責任感なりが強く、從つて實行力も旺盛である。

三　學習方法の訓練

一　學習の基礎訓練

學習態度の養成に於ては各科の學習方法の指導といふことが大切な問題である。各科の學習の方法を教師が示して一種の型によつて兒童に學習させることはよくないことである。一種の型を授けて學習させる方法は其の時はよいやうであるが直ちに行詰るものである。それと共に型に囚はれた方法は兒童の工夫創作力を殺ぐことになる。

それならば初めから全く兒童の工夫創作による學習方法をとらせるかといふに、能力の優れてをる兒童だけならばよいが一般の兒童殊に能力の劣つてをる兒童には困難である。それで初歩の場合は、或程度まで「讀方はかうして學習する。」「算術はかうして學習する。」といふやうに各科の學習法を一通り指導する必要がある。即ち學習の基礎訓練がいる。併し此の場合に於ても教師からの天下りでなく兒童を生かし協定的理解的に指導するがよい。世間動もすると方法の指導なき學習をさせることがある。それでは能率が上らない場合が多い。殊に能力の低い兒童はどうしてよいかわからなくて、徒らに時間を空費してゐることがあるそこで學習方法の指導といふことが大切である。

2　工夫創作と學習方法の發達

一通りの學習訓練の基礎が出來たら、いつまでもそれに囚はれないで兒童の工夫創作によつて學習方法の改善進歩を圖らせ學習方法が發達するやうにしなければならぬ。兒童の學習は日に日に改善進歩されるのが理想である。

工夫創作によつて漸次築き上げたものは行詰ることが少い。それでも一種の型になることがあるから、兒童教師の各自の工夫創作を尊重して絶えず進歩を圖つて行かねばならぬ。又學級の兒童と教師が相談をして進歩するやうに工夫して行くことも大切である。

此の意味に於てダルトン案によつて學習方法なり學習の問題なりを教師が定め、これを謄寫版で刷つて兒童に學習させる事は得策ではない。學習法の實施からいへば實行し易いと思ふが、これでは兒童自身をして研究させる方法でない。工夫創作力を養ふ所以でない。それで學習訓練の過程として學習方法や問題を教師の方から示すことはやむを得ないが、いつ迄もかういふ方法を繼續すべきでない。兒童自身に學習の方法を工夫し學習問題を攫んで行かねばならぬ。

3 自由學習と問題學習　各科に通じた學習方法として兒童の自由學習によるものと、問題學習によるものとある。なるべく兒童各自の自由學習によりたいが、物の研究法を會得させ、且題材の眼目に觸れた學習をするやうに指導するには兒童自らをして問題を把捉して學習するやうにしたがよい。問題法による學習については更に項を設けて述べることにする。

四　問題法による學習

1　問題法の根據と利點

自己建設自己成長に於て自己の慾求を滿足せしめようとする場合にこれが問題となつてあらはれてくる。自己の知らないことを知りたいと思ひ、不審なところ疑はしいところを解決したいと思ひ、不滿なところを滿たさうと思つたときに强烈な慾望となつてくる、これ即ち自己建設上自己成長上の問題である。兒童が學習材料にぶつかつた時に、それを自己成長自己建設の糧とし資料として行かうといふ時に、疑ひをもち不審をもつてこれを解決して行き、又どんなところを自己に採り入れようかと考へるときに問題が生じてくる。

そこでこの問題を發見することと問題を摑むこととは自己成長を圖る第一歩でこれを解決して自己に織り込んで行くことに自己が成長することになる。問題法による學習訓練が出來ると、すべての物に對して疑問を以て接しこれを自己成長に資して行かうと心掛け、物の研究心が盛んになり研究の着眼點がわかり研究法を會得することが出來る。そして原理は一貫するものであるから問題法による學習法が一科についてわかると、それはすべての教科に適用することが出來て、學習能率を向上させることが夥しいものである。

2 疑問や質問と問題

疑問といひ質問といふことは問題といふことに對して、多くは小さくて斷片的部分的のものである。例へば讀方の學習に於て漢字の讀方や語句の意義がわからないのは問題とはいはない。これは不審とか質問とか疑問とかいふ。此の疑問や質問は個人的解決に適してをるから、兒童が獨自學習をしてゐる時になるべく解決させるがよい。學級の學習團體の學習で殊に討議的に相互學習をする時に所謂疑問や質問といふ小さいものを對象にして學習させてゐては實力の向上が乏しくなる。併し疑問は突發的刹那的に且實際的に起るものであるから、隨時隨所に質問する習慣を養ふがよい。學習訓練の早道は質問する態度を養ふことである。

所謂問題となると、題材の主要點を解決する研究の對象となるものである。即ち研究の主要問題、價値ある研究問題、題材の眼目に合致するものを意味する。

例へば讀方でいつて見ると、尋常小學國語讀本卷十にある陶工柿右衛門といふ課に於て、柿右衛門はどんな苦心をして成功したかといふやうなのは問題である。此の問題は此の課を研究するに最も大切なもので、此の問題を解決すると、殆ど全課がわかる。それで問題は概して綜合的全體的のもので、學級全體に於て討議的に學習するのに適してゐる。要するに疑問又は質問と問題との區別は學習指導の實際上大小輕重によつて區別するのが一番都合がよい。

3　自發問題の構成と解決　兒童が學習する場合に小さなことを質問をして行く事も大切であるが、研究の主要問題を摑み其の問題をもとにして學習するやうにするがよい。自ら問題を構成しそれを自ら解決するやうに學習訓練をしなければならぬ。兒童は割合に問題を構成することは容易に出來るが自ら解決することに努力を缺くことがある。これが多く劣等兒になる。そこで自ら構成した問題は自ら解決するといふ責任ある學習活動をさせなければならぬ。

4　自發問題の發表と評價　兒童の自發問題はこれを紙に書いて提出させ

るなり、小黒板に書かせるなり、兒童に口頭で發表させて教師がそれを板書するなりして發表させる必要がある。發表させたら其の問題の價値批判の指導をしてこれを精選させ、學級問題なり中心問題なりをきめさせるがよい。自發問題を自分で解決してゐたら既に問題として提出する必要はないといふ人があるが、或點まで解決が出來てゐなければ問題がよいかわるいか。又價値があるかないかといふことがわからない。たとひ解決してゐても他人は如何にこれを解決するかと比較研究する事によつて眞の研究が出來る。かうでないとよい問題は出ない。隨つて學習は進歩しない。

どんな問題が價値ある問題であるかといふに、人間であれば心臟を摑んだ問題である。併し血管を押へたのも問題になる。要するに眼目に觸れてその問題を解決すれば他の問題は自然に解決されて行くといふ問題がよい。讀方の如き其の問題を解決する爲めには一課全体に眼を通さねばならぬもので、其の問題を解決すれば其の課がよくわかるといふ問題であつたらそれがよい問題である。

學習訓練に於ては問題の價値批判を正確適切に指導し、價値批判の眼を高めて行くことが極めて重要なことである。

5　學級問題の構成

兒童の自發問題を發表させ、其を兒童に價値批判させた結果學級問題を構成する。似て居る問題は併合して行き小さな問題は大きな問題の中に從屬させて行く、このやうにして學級問題といふものは學級の兒童がいくつもある自發問題のうちから「これが價値のある一番よい問題だ」といふことで價値を認めて精選するものである。そこで充分に吟味させなければならぬ。無責任無關心ではいけない。學級問題としてきめる以上は學級の全兒童が各價値を認め責任を以て解決しようといふ考がなければならぬ。即ち他人の出して居る問題にしても自我意識が伴うて自己の問題といふ考を起すことが大切である。この考の有無强弱はやがて學級問題を解決する意氣込みに關係があるし、延ては學級問題を中心とした相互學習に影響するものである。學級問題として價値を認め責任を以て解決をして行くやうになれば學習の能率をあげることが出來るわけである。

學級問題は價値のあるものがよいが、その價値觀については多數の兒童の考が一致することもあるが、又一致しないこともある。殊に教師や能力の優れてをる兒童は價値ある問題と考へても、能力の劣つてをる兒童は價値を認めぬ場合がある。更に價値があるかどうかわからない場合がある。そこで學習訓練の最初から教師の考へて居るやうな價値のある問題を作らせたり、價値のある學級問題を選ばせることは困難である。要するに兒童の價値觀が低級である。そこで學習訓練の過程に於ては次のやうな過程を踏むことが多く、又これが自然であると思ふ。

(1) 初めの頃の學級問題はよし低級であつても、多くの兒童の要求し多くの兒童の活動するものがよい。

(2) 問題が低級であると、問題の數が多くなる。

(3) 問題の數が多くなると、一々これを解くのに多くの時間がかかる。

(4)　多くの時間を要すると、進度が遲れる。

(5)　問題を夫々解決した後、價値批判をさせて價値の批判の眼を養つて行く。

(6)　價値批判の眼が出來てくると、少數の價値ある問題を精選するやうになる。隨つて進度が進む。

かういふやうにして漸次學習態度が養成されて行くものである。

6　學級問題解決の獨自學習

問題を評價して學級問題を決定してから、直ちに學級問題の解決を相互學習でしようとすると、多くの場合に活動する兒童が少數である。これは能力の優れてをる兒童は自分が問題を構成してそれをもとにして獨自學習をしたものと、學級問題とが同一であるか極めて接近してをるから、直ちに解決が出來るわけである。ところが能力の劣つてをる兒童は獨自學習の際に自分が摑んだ問題と學級問題と離れてをることが多いために、直ちに學級問題の解決に參加することが出來ない。

そこで學級問題ができまつたら、直ちに多くの兒童が解決の出來るときはよいが、さうでない時には再び獨自學習をさせる。此の際は學級問題を對象として自分が前に獨自學習をしたことの整理擴張をさせる。すると前の獨自學習も生きるし學級問題の解決も出來ることになる。

學級問題は前日又は其の敎科の時間割中、前の時間に決定して各自にノートに書き取らせ、學校のみに限らず進んでは家庭で解決することを許してよい。

7 學級問題解決の學級學習

學級問題の解決の獨自學習が出來たら學級學習相互學習によつて解決させて充分な徹底を圖らねばならぬ。學級問題のどの問題から解決を進めて行くかといふに、一番價値のある問題から而かも自然的に有機的に進めて行くが、最もよい。併し兒童本位で次の要件を考へて進めて行くが、全体の兒童をして效果ある學習をさせることになる。

(1) 兒童がよくしらべて解決してをる問題から

(2) 兒童の興味の乘ずる問題から

(3)　兒童が發表したいといふ問題から

(4)　容易な問題から

(5)　多くの兒童の要求する問題、多くの兒童の活動する問題から

併しかういふやうにして進んでも問題解決が斷片的に支離滅裂にならないやうに注意して、なるべく有機的統一的に解決されて行くやうに指導しなければならぬ。

8　學級問題解決後の反省

學習を初めから完全なものとして要求することは禁物である。學習を初めから完全なものとして要求して行くと、兒童は非常に困難を感じ嫌ひになる。そこで漸次向上させて行かねばならぬ。學級問題の構成にしても學級問題の解決にしても、なるべく組みし易いといふところから進んで行くがよい。そして學級問題を解した後即ち經驗行動をさせた後、「どの問題が一番よい問題と思ひますか。」と價値批判をさせて見ると、能力の低い兒童に至るまで價値批判が適確に行はれる。

さうすると、次の新しい材料の學習に向つた時に、「今度はこんな問題を摑んで行かう。」「學級問題としてはこれがよい。」「學級問題の解決はこの問題から」といふやうに次第に學習が上手になる。

教師の方でも制限ある時間に於て學習をさせるのであるから、學級問題としてもなるべく價値ある問題を選擇させるやうに、指導して行かねばならぬ。又學級の相互學習に於てもなるべく價値ある問題の研究討議に力を用ひさせるやうにしたい。それで學習を進めるに從つて先づ價値ある問題の解決からさせて、他の問題は割愛して行かねばならぬこともある。そこで教師は兒童本位の上に立つて學習を指導すると共に、絶えず學習態度の向上進歩を圖ることに努めて行かねばならぬ。

學級問題解決後かやうに學級として反省して行くと共に、兒童各自に自分の學習したことを反省して足りないところを補はせ、學習方法としても改善進歩を圖らせるやうにする。

9 兒童の自發問題のみで行くか

兒童の自發問題のみで行くかどうかといふことは問題である。兒童の自發問題のみでは題材の主眼點といふものを徹底させることが出來ないことがある。題材の主眼點などは考へる必要はない。兒童の要求した問題だけでよいといふ人もあるけれども、それでは題材の目的が達せられず大きくは教育の理想といふものが達せられない。價値批判の對象には或理想がある。そこで教師の方では題材の主眼點といふものについて研究して置く必要がある。これが即ち學習指導者の題材觀である。

兒童の自發問題を精選して學級問題にしたものが、題材の主眼點に一致して居るときには、兒童の自發問題のみでよい。併し兒童の問題だけでは題材の主眼點に一致してゐない時には環境整理や暗示啓發によつて更に兒童に問題を考へさせてみる。又教師も學習者の一人であり且學習指導者といふことから問題を出して補つてよい。併し教師から問題を出した場合に於ても兒童に價値を考へさせ、自我意識を作はせ、認容させることが必要である。教師に限らず他人の出した問題でも自我意識が伴つて學習して見ようと兒童が思つた時には學習の價値がある。即ち問題提出の形式は敎師からの他律であるが、兒童がこれを受けいれる感じは、自分から出したものと同じ感じになる。他律變じて自律になるとはこのことである。

それでは初めから敎師が問題を提出して兒童に自我意識を伴はせ認容させて行くのと同じではないかと考へる人があるかも知れないが、私の方法は兒童に行けるだけ行かせ其の足りないところを敎師が補つて行かうといふのであるから其の傾向が一は敎師本位で一は兒童本位といふ違ひがある。

要するに私共は主義に囚はれて兒童を害ふことのないやうに心掛けたいものである。

五　機會を捉へての學習訓練

學習訓練は兒童に即すると共に具案的系統的に漸次進めて行かねばならぬが、

それには細心の注意を拂つて機會あるごとに學習訓練をして行くことが大切である私が機會を捉へての學習訓練に苦心してゐる一例として次の事實を述べることにした。

大正十三年九月二十五日の第四時間目のことである。受持の尋常五年の學級は讀方である。私が教室に行くと兒童が盛に音讀してやかましかつた。

教師「大變よく讀んでゐたがもうそれよりよい讀み方はありませんか。」

兒童「あります。聲を出さないで讀むことです。」

教師「音讀よりも默讀（心讀）の方がどうしてよいのですか。」

兒童「意味がよくとれます。わけのわかるやうに讀むのには聲を出してはいけません。」

兒童「また聲を出すと他人のじやまになります。」

教師「皆さんのいつた外に默讀の方が速度がはやいから學習經濟である。それにどうして心讀をしなかつたか。」

兒童「考へませんでした。」
教師「それを考へたらもつとよい學習になる。それを考へないのは自主的學習としては心細い。よく考へてもつと自主的に學習してほしい。」
此の問答と共に次の板書が出來あがつた。
音讀よりも默讀（心讀）のまさつてゐるところ

自主的學習

よく考へる
(1) 意味がよくとれる（わけがよくわかる。）
(2) 他人のじやまにならない。
(3) 速度もはやくて學習經濟である。

次は同じ時間の發表についてである。尋常小學讀本卷九第二十二北風號の百四頁に「露營のテントの前に」とある。優良な一兒童が或日の朝の北風號の活動を話す時、露營のテントを露軍のテントと解して發表した。他の兒童が露營の正しき解釋をした。前に發表した一兒童は自分の解釋が誤りであつたことを

知つた。私は

「若し發表せずにゐたら誤つた解釋をしたまま通り過ぎてゐたかも知れない。發表して見ると誤りを正して貰ふことが出來る。それで發表して見ることが大切である。」

と全兒童に發表の必要を説ききかせた。

今一つ其の時間に討議について指導した。一兒童が「亂れてゐたたてがみをそろへ」といふところを「亂れてゐた毛をそろへ」といふやうに話をした。之れに對し他の一兒童が「たてがみとは何のことですか知つてゐますか。それを毛といつたのはいけない。」と人の缺點を指摘するやうにいつた。そこで私は

「たてがみのところを毛とはなしたがたてがみは普通の毛とちがふのであるから、たてがみといつたがよくはないでせうか。」

と出たら一層よい學習法になる。討議は人の缺點を探すのでなく、自己を發表するのであるから自分の考を述べたがよいと述べて討議學習の心得をさとした。

第十章　學習組織と學習活動

學級經營に於て兒童の學習を盛にして行かうといふためには學習組織を考へて、兒童の學習活動が容易に出來るやうにして行かねばならぬ。從來の教師中心の教育法では兒童に學習の用意をさせないで、教師の考によつて教授をしたものであつた。そこで先づ學級の全兒童に向つて一齊に教授をして次第に個別指導に進んだものである。併しこれでは兒童は受動的であるから教師だけが骨折つて効果は割合に少い。兒童中心の學習では先づ兒童各自に獨自學習をさせ、獨自學習を充分にした後分團學習や學級學習をさせるのであるから、個人個人の自己建設に出發して次第に團體の學習に進み、更に獨自に歸つて反省するといふ學習組織を踏むわけである。以下この學習組織と兒童の學習活動とを如何樣にして行けば効果があるかを述べて見たい。

一　獨自學習

1　獨自學習の時間　兒童に獨自學習をさせるために獨自學習の時間を特設することが最も望ましい。それには一時間の授業を四十分にし、一回の休憩時間を十分にして行けば、法令の範圍内で出來ることと思ふ。さて其の時間はいつ置くが一番よいかといふに、一日の最終の時間に置くと自然其の時間が復習補充に使はれるやうになる。又一日の中間に置く方法は動もすると「いきぬき」になり易い。そこで一日の最初の時間に置くのが最も能率があがるやうに思ふ。一日の最初に置くと、當日の初めに於て計劃を立ててかかり、且當日の學科について兒童が先づ獨自で學習して見るといふやうになり、獨自學習と學級の相互學習との連絡といふ點からいつても能率があがることになる。

若し獨自學習の時間を特設しない場合に於ては或時間を獨自學習に打ちこんで行く。例へば歴史が木曜と金曜とにあるならば木曜の歴史の時間は獨自學習に打ちこみ、金曜の歴史の時間には學級の相互學習をさせるといふやうにすればよい。讀方にしても或一課を四時間で指導しようと思つたら第一時間乃至は第二時間目までは獨自學習をさせてあとの時間で學級の相互學習をさせるといふやうにして行きたい。そこで從來のやうに教師が必ず教壇の上に立つて授業してをるもののみが授業などと因習的の考を打破する必要がある。そして兒童は一生懸命獨自學習をし教師は精一ぱい兒童を指導してゐたら、これが一時間續いても立派な授業であるといふ考を、學級經營者は勿論校長も視學も保護者も議員もすべてが了解して行かなければならぬ。

低學年の方では一時間を折半して獨自學習と學級學習とにしてよいが、高學年では一時間を兩者に折半する方法は多くの場合に失敗である。獨自學習も學級學習も兩者共充分に出來ないで不徹底に終り易い。

2 獨自學習の教科

兒童各自の選擇に任せることは理想として又原則としてはよいが、兒童のみに任せることは動もすると易きに流れてしまふ恐れがである。そこで自覺ある高學年ならば兒童の自由選擇に任せてよいが、低學年では或は敎師が相談してやるなり、或は敎科の順序は任せて一科に偏しないやうにするなり、日によつて變更して行かせるなり適當な指導がいる。

私の經驗からいふと、自由選擇と當日の時間割による規制とによらせたが一番能率があがるやうに思ふ。即ち大體は當日の時間割によつて自己選擇をさせて、當日の敎科の獨自學習をさせ、あとは兒童の自由にさせる方法である。例へば當日算術・讀方・理科・圖畫・体操とあるならば、此の時間割によつて、最も獨自學習をしておかねばならぬ必要あるものから獨自學習をして行くやうにする。尤も一時間の獨自學習では當日のすべての敎科に亙つて獨自學習をすることは出來ないから或敎科は其の時間になつて獨自學習をさせて行かねばならぬ。それがためには特設の獨自學習時間には主として、どの敎科をすると大体話仕合つて置くのも一つの方法であらう。又前日の放課後位に翌日の獨自學習時間にすることを話仕合つて置くのもよい方法である。實は兒童が當日の敎科に追はれないやうにいくらか餘裕をもつて先きに進んで行くやうになるのがよい。これは能力の低い兒童には望まれないが、能力の優れてをる兒童には餘裕をもつて先きへ進むやうに奬勵したいものである。さうでないと本當のものではない。

3 同一教科と異教科

獨自學習に兒童が學習する教科は同一教科がよいか異教科がよいかは研究問題である。同一教科の方が一般に能率があがる。其の教科の學習氣分が緊張するし精神集注も容易である。又たとひ獨自學習であつても同一教科であるから共同學習の興味もあり又刺戟もある。教師の方からいつては其の指導が便利である。個人指導のみでなく、指導の共通點を認めてそれ等の兒童を一分團として分團指導をすると時間と勞力とが經濟である。兒童相互の分團學習もし易い。教師は精神を多方面に使はないでよいから、長い年月を考へると教師の指導能率は非常な經濟になる。

異教科が能率があがる場合もある。一體獨自學習といふものは同教科であらうが異教科であらうが、兒童自身の計劃によつて自主的自覺的に學習するところに大切な意義がある。そればかりでなく周圍のものによつて、注意を散漫しないで專心其の事に當ることの出來る訓練をすることが必要である。かういふ點に指導者は着眼して異教科で色々のことをしてゐても注意が亂れない訓練をすることは實社會的の生活として能率をあげ得るわけである。

兒童の氣の向ひたものから獨自學習をすると能率があがる。併し兒童の中には自分の下手なもの嫌ひなものを先きにして好きな教科を後に廻して置くと樂しみになつて、下手なもの嫌ひなものもよく出來るといふ兒童がある。能力の優れて自覺してゐる兒童の心理は後者かと思はれる。そこで同教科異教科にかかはらず、兒童の心理の向くところ、兒童の計劃を尊重して行つたがよいことになる。

兒童が合科的に共同作業をするときには色々になつて行く。圖畫を書いてをるものもあれば制作してをるものもある。又數量方面から考察してをるものもあれば歌や文を書いてをるものもあるといふやうになる。かかる場合は仕事が種々様々となり全体として能率をあげることになる。

それから參考書や實驗實測の道具等が不足の場合は異教科にすると交互に使ふことが出來る。例へば讀方の參考書と算術の實驗實測の道具が少いときには一方の兒童が讀方の參考書を使つてをる間に他の方の兒童は算術の實驗實測の道具を使ひ、適當な時間で交代するやうな方法も能率をあげるによい方法である。

分科受持制度を採用した場合に幾人もの教師について指導を受けさせるときには、獨自學習の時間は學級を解いて、各教師の長所について學ばせるやうにすると能率があがる。

要するに同教科異教科の問題は一方に囚はれないで一は兒童の計劃を尊重し一は事情に適應することを考へて最も能率をあげさせるやうにするがよい。

4 獨自學習の方法

なるべく兒童各自に考を定め兒童各自の工夫した方法をとらせ、獨自の力を充分に發揮するやうにする。教科書のあるものは教科書について學習をし學習した要點はノートに記錄させる。教科書だけでは充分な獨自學習が出來ないから參考書を與へて參考書によつて學習させる。獨自學習には參考書を多く與へて參考書を讀む力を養ひこれを活用させることが最も大切である。參考書でもわからないことは敎師に求めさせる。併し一人の敎師では獨自學習を個人個人に充分指導することは到底困難なことである。そこで敎師の代りをする參考書實物標本、實驗實測の道具を提供してこれを活用させ獨自學習を徹底させるやうにしなければならぬ。

わかるまでやるといふ眞劒これが大切である。かうして能力を發揮して實力を養つて行かねばならぬ。それから自分のしたことは必ず再思する習慣を養つて、自驗自證の態度で自分のしたことに自信をもつて行くやうにする。併し敎師に相談をなし、進んで獨自の成績を見て貰ふことは必要である。さうでないと進步しない。尋常小學讀本卷九第二十三手紙のところを學習した時のことであつた。候文學習の初に於て兒童が創作として候文で返事を書いた。そして學級の相互學習の際に發表したところが中にヘンテコなのがあつたので私は次の注意をしたことがある。

「成績物を私のところへ持つて來て見て貰へば、一人一人に見て相談するのでした。するともつと立派なものになつて伸びて行くことが出來る。」

5　獨自學習の心得

獨自學習の心得については屢々自治會等に於て兒童と相談協定した。其の主なことは次のやうなことである。

(1) 初めの意氣込み、前よりもよく。(進取の氣象)

(2) 初め計劃を立てておく。

(3) 興味をもつてする。

(4) 一心不亂、專心にする。(兒童は氣がちりやすいといふから)

(5) 靜肅(他人の妨害にならないやうに)

(6) 時間の尊重(雜談と散歩の嚴禁)

(7) 仕事に着實

(8)　忍耐努力の繼續

私が今苦心してゐるのは努力の繼續といふことで、「最後の五分間」といふことをいつてをる。どこまでも眞劍で實力を養はねばならぬことである。獨自學習が學習の生命であつて、死活の分れるところであることを兒童をして充分に自覺させることに努めてをる。

6　獨自學習中に於ける教師の活動

兒童の獨自學習をしてをる間は教師の骨休めなど考へるのは以ての外の謬りである。「兒童の獨自學習中が教師の最も忙しい時である。」といふのが私の服膺してゐる金言である。即ち兒童の求めに應じて指導する。其の指導の仕方は個人指導をすることもあれば、分團指導をすることもある。求めに來ないからといつて教師はじつとしてゐてはならない。教師から發動して獨自學習の方法を見て指導する。問題のつかみ方及び解き方、ノートの書き方、ノートに書いてをることの內容、教科書の讀解等についての相談的に出たり問答的に出たりして指導する。

特に私が獨自學習中に於ける教師の一大任務と考へてをることは能力の低い兒童に對する事前の指導である。學級の相互學習を開く前に當つて、充分に指導して相互學習に參加することの出來る資格を養つておく。即ちスタートを先きにきらせることである。能力の低い兒童は勿論其の他の兒童に對しても賞贊と激勵の態度とを以て師弟共に眞劍に獨自學習に當りたい。

世にはまだ獨自學習に對する理解と興味とをもたない教師がある。從つて參觀にしても相互學習のみを喜んで參觀し獨自學習の參觀の態度が出來てゐないのは甚だ遺憾である。獨自學習の時間に於ては兒童は如何に學習してゐるか。教師は如何なる活動をしてゐるか此の二つの點から眺めたら屹度何物かの收穫があることと信ずる。

7 獨自學習の成績上進法

獨自學習の成績を上進させることについては尠からず苦心をしてゐる。獨自學習の出來る兒童と然らざる兒童とに組を分けて、可能なるものは獨力で、不充分なものは指導したこともある。かうして漸次可能にした經驗があるがこれは頗る效果があつたやうに思ふ。

又獨自學習に分團學習を適用して兒童相互補助的にさせたこともある。併しこれは獨自の訓練が充分に確立した後でないと依賴心を生じて獨自性を傷ける傾きがある。分團指導も能力の低い兒童を集めて敎師が指導して激勵することは最も效果があつてこれは必ず行ひたいものである。

それから私は獨自學習の硏究錄を作つてそれに兒童の一覽表を添へ、獨自學習の終りに四・五分間の時間をとつて獨自學習の成績報告をさせる。これは兒童を順番に或は敎師の指名により或は又學手によつて口頭を以て獨自學習をした要點を發表させる。そして一覽表には兒童各個人の成績を一重丸二重丸三重丸で記入して一目瞭然とわかるやうにし、硏究錄には學習した內容とノートの頁數とを認めて學習の量と質とがわかるやうにし更に改造意見をも記錄して行くやうにしてをる。これは確に獨自學習の成績を上進させることが出來る。私共のすることは絕えず結果を考察して其の上に指導を築いて行きたい。獨自學習後學手して盛に報告しようと意氣込んでゐる兒童は、大いに能率をあげてをるものである。

尙各科について個人進度表をつくることが大切である。このことについては次の章に於て個人進度と學級進度といふ題によつて細說することにする。

二　分團學習

1　相互補助相互研究の分團學習

この分團法には優中劣の兒童を四人とか六人とか組合せて一分團とする方法もあれば、優等兒は優等兒、中等兒は中等兒、劣等兒は劣等兒と組合する方法もある。

優劣相互補助からいへば前者がよくて優者は劣者に對し理解と同情とを以て補助して行くことが出來る。併し獨自學習の遲速の差があるために待合せなければならぬ不便がある。其の上優者は劣者の犧牲になり、劣者は優者に依賴する缺點がある。後者の方法は能力類似のものによつて切磋琢磨が出來るし劣分團を教師が指導するのに都合がよい。尙算術の自發問題を各分團から精選させるやうな時には劣等兒の問題が學級に出ないといふ缺點を防ぐことになる。併しドン栗のせいくらべになり訓練上面白くないことがあるかも知れない。何れにしても一長一短あるから適用するがよい。

相互補助相互研究の分團學習では獨自學習から學級學習に移る間に於て下練りあげをするのが目的である。學級學習になると發言する兒童は制限を受けるが、分團學習では同時に何人でも發言が出來るから、發表の訓練が出來發表の態度が養はれる。從つて此の下練りあげを經て學級學習に望むと、學級全員が活動するやうになる。

2　能力別の分團指導　この分團法には可動式と固定式とがある。可動式は兒童の實力により殊に學習作業に對應して分團が自然に出來るものであるから極めて自然的である。そこで此の分團は第一に兒童の要求自覺により必要感によつて作られる。例へば算術に於て問題の二番の解けないといふ兒童が二番の指導を求めにきた時に、其の兒童が數人あつた場合にはこれを一團としてこの集團に向つて指導する。又讀本の第五課が讀めないといつて指導を求めに來たら其の要求の一致して居る兒童を一團として指導して行く。第二には考査の結果によつて分團する。例へば比の問題について考査したところ、よく理解したものと理解しないものとあつたら、理解してゐるものには練習題を課し或は作問によつて學習させ、理解してゐない兒童を一團として指導するが如きである。第三には敎師の認定である。敎師の認定も兒童を分團して指導するときの參考になる。兒童に求めさせて指導するのが原則であるが、敎師が平素其の兒童の能力をよく知つてゐて、求めにこないでも理解し得ないと思つたら、そのままに放棄しないで、兒童の人格を尊重して指導分團の中に加へて指導することが兒童に對する親切である。又優者の要求により分團を作つて指導することも必要である。

固定式は兒童の能力の差によつて豫め組を分けて置く方法である。これは劣等兒の自尊心を傷けて自暴自棄に陥らしめ優等兒の傲慢な態度を招き、且實社會的の學習によつて、よい兒童の學習を採り入れることが出來ないからあまりよくない。たゞ優劣の差が甚しい場合には止むを得ざる方法として採用してもよい。此の場合に於ても學級內の優劣を切り離さないで、なるべく關係をつけて劣者にも優者の學習を見學させることが大切である。

若し算術などに於て其の學年程度のものの出來ない兒童があつたら、學年相當より低い材料を學習させてよい。併し此の場合に何學年の算術とすることは彼等の自尊心を傷けるから、何學年の算術としないで謄寫刷りにするがよい。そして全兒童に渡し、劣等兒は確實に優等兒は迅速に目的を異にして練習させるやうにすると面白い。

3　自然の分團

敎師が何等の世話をしなくて、兒童が自然に集つて分團的に學習することを認めたい。例へば算術の學習に於て、白ボクの體積の如く困難なものでも優等兒が自然に集つて解決してしまつたといふやうなことである。劣は劣に集ることがあるし、兒童が相互研究のために自然に分團を構成して學習の能率をあげることを認めてやりたい。

4 **分團學習に於ける場所席次** 場所や席次は適當なところならどこでもよい。教室の正面の黑板の前、背面黑板の所、教師の指導卓の周圍、教室の隅の空間、兒童の机、廊下といふ樣に適當な場所を利用するがよい。分團の場所や席次に頭をなやますことは結局實行を躊躇させる。要は融通のきくやうにしたい。

三 學級學習

1 **兒童の相互學習** 兒童に獨自學習をさせて學級全体の團体學習になると、教師の考へた案によつて問答式開發式に用ひ授業を進めて行く人がある。なる程兒童はよく活動してゐる。併しこれは從來の教師中心の教授の變形である。即ち自習だけをさせて置いて其の後は教師の考によつて整理して行かうといふやり方である。兒童中心の學習では兒童が獨自で學習したら、學級全体の學習になつても、兒童の向く方向に而かも兒童の相互の力によつて進行し解決して行くことを主としなければならぬ。勿論教師も學習者の一人であり且學習指導者といふことから適當に指導して行くことはよいが、能ふだけ兒童の相互學習によるがよい。

2　學習事項の發表又は學級問題による討議

兒童が獨自學習をしたことを發表し、それをもとにして質問や批評が行はれる。更に夫々獨自學習をしてをることを發表して補正し意見交換を行つて共同的建設的に學習を進めて行く。

學級問題中心問題による場合に於ても、解決の意見を述べると次第に質問批評が出てくる。尚解決について同じ様なことが述べられることもあれば、違つた意見も發表されて、ここに討議的の學習が行はれて問題の解決を終る。

一問題の解決がすむと、今度は次の問題の解決にうつる。このやうにしてなるべく全兒童に發表が行き渡るやうにつとめて行く。たとひ言語で發表しなくても內的活動を旺盛にして行くやうにする。此の討議的學習については世間では誤解があつて、色々問題になつてゐるやうであるから更に一章を設けて詳しく述べることにした。

3 教師の補說

兒童の發表や討議的學習で學習が立派に進むことが理想であつて、又望ましいことである。從つて强ひて教師が出て補說する必要はない。併し兒童の發表や討議では不充分と思ふ場合は兒童のみに任せないで教師が出てよい。教師が補說することもよい。教師が要點に向つて釘打をすることも必要である。かうして行つて大体兒童の相互學習によつて學習が進み、其の不足を教師が補ふといふことになればよいわけである。

四 分團學習

學級の學習を終つた後更に分團學習を行ふ必要のあることがある。一方には不徹底なものがあつたときには、ここに差別的要求に應じる分團學習の必要を生ずる。此の分團學習は實際上には教科の性質によつて要不要がある。主として智力に訴へるものには必要がある。例へば算術で理解したものと然らざるものとに分ちて指導をしたり、讀方でも讀解充分なものと不充分なものに分ちて指導すると徹底を圖ることが出來る。又理科なども學級學習の後實驗觀察の不充分なものには再び實驗觀察の指導がいる。

五　獨自學習

獨自に出發して學級の學習をし更に獨自に歸つて反省整理して見ることが大切である。そこで自分のノートを整理して、更に次の學習に發展し行くといふやうにしたい。

六 要約

以上五つの場合にわけて學習組織と學習活動とを述べたが、これは勿論これだけ全部を一時間に經過しなければならぬといふものではない。從來の一時間完成の授業は非常に不自然である。數時間で以上の學習過程を踏むべきである。且この通りに踏まなければならぬものでもない。獨自學習から直ちに學級學習にいる場合もある。併し獨自に出發することだけは動かないところである。

それから獨自學習といふと一時間獨自學習で通し、學級學習といふと一時間學級學習で通さねばならぬと囚はれる人がある。獨自學習の間にも分團學習を交へ、學級學習の間にもいきつまつたら獨自をいれるといふやうに、獨自分團學級といふ學習方法を運用することが大切である。殊に低學年では明瞭な區別をしないで交錯適用に努めて行きたいものである。

第十一章　個人進度と學級進度

一　個人進度と學級進度との關係

従來の教育が劃一一齊に流れてすべての兒童に對して材料の齊一を期したことは非常な誤りである。如何に兒童を選拔しても能力に差異のあることは事實である。況んや選拔しない兒童に於ては兒童に差のあることは明かなことである。

このやうに能力に差のある兒童を同一學級に收容して教育をするにあたつて、能力を充分發揮させるには練習應用創作といふものをさせて深みをつけることも必要であるが、これとともに一方には進度を自由に獲得させて行くことが有効である。以前は練習應用によつて深みをつける方法のみを多くとつたものであるが、これは或程度までは行けるが、行詰つてしまふ。それでこれだけでは能力を充分に發揮させることは出來ない。先きへ進む進度を解放して、自由に材料を獲得して行くことは無限に行ける。そしてこれには獨自性の發揮進取の氣象の助長といふやうな美點を見出すことが出來る。學科の方からいつでも、兒童らが前後の關係を大觀して行くやうになる。讀方の如きは假りに讀むといふことだけ先きに進むとしても、これによつて讀むといふ力がつき讀むといふことに趣味をもつやうになると、あらゆる機會に文字文章を讀んで行くやうになるから勢讀書力が進む。

そこで獨自の力によりて進度を進めて行くことはよいことにきまつてゐる。ただそれが徒に先きへ進むといふことになつて、表面に流れないやうに注意を要する。先きへ進む競爭になつて、進度のページを爭ふやうになつては弊を生じる。讀方の如きは單に器械的に讀んだだけで先きへ進んで行つてはいけない。算術でも器械的形式的に進んで行つただけでは、事實化も出來ないし、鍛練も出來ない。そこで個人進度では個人で充分と思ふまで學習したら先きへ進むやうに指導しなければならぬ。個人が充分と思つてゐても、誤りがあり、足りないところがあり、練られてゐないところがある。そこで個人進度といふものに對して學級進度といふものを設け、この學級進度によつて、學級學習相互學習をさせ、正確にされ鍛錬されて行くやうにする。

學習が進んでくると決して表面的に先きへ先きへとのみ行くものではない。深くしらべて行くと共に先きへ行くものである。そしてずつと個人進度が學級進度よりも進んでいつた時には、學級進度に向つて見かへしをし、あたためをして學級學習に臨んで行くやうになる。それで學習の上手なのは深みも深いが進度も進んでゐるといふ兩方面とも優越して行くものである。

二　各科の個人進度と學級進度

私の學級では各科の個人進度表を作つてゐる。この個人進度表と共に學級進度表がある。この二つを如何に指導し如何に交渉させてをるかを述べて見よう。

1　**讀方**　讀方の個人進度は三程度になつてゐる。第一の程度では讀本の課を基にして、その課の讀方が出來、どんなことが書いてあるか大意がわかり、必要があつたら文段を研究し、自分が特に研究したいといふ問題をとらへ本を通してそれを一通り解決した程度にしてある。勿論これは標準であつて劃然とはいけない。人によつて深淺も違ふ。また材料によつて感想を一番に書いてをるものもある。兎に角その課について自分が一通り讀解したといふときには個人進度表の第一程度のものに各自しるしをするやうにしてをる。それ以上に或は鑑賞をし或は創造表現をしてをるものに對しては讀方研究發表としてある第二程度の進度表に記入させるやうにしてある。學級進度は、個人進度の第一程度のものと第二程度のものとを見てきめて行くが、主として第一程度の讀解が一通り出來てをるか、そして遲進兒に至る迄全兒童が獨自學習によつて、第一進度を獲得してゐたらそこに學級學習をする。第一進度は或兒童は學級進度より數課若しくは十數課先きへ行つてをるものもあれば、辛じて學級進度になつて行くものもある。一番遲い遲進兒になると學級進度より遲れさうなものもある。こんな遲進兒に對しては獨自學習の時間に充分指導して、學級學習に參加する資格を養つてやる。この學級學習を行ふに先きだつて遲進兒を指導して引きあげてやることが極めて大切で、これを私は事前の指導といつてをる。

學級學習の際には獨自で學習してをることを基にして兒童の相互研究を主にして行くが、此の際に第二進度まで行つてゐる兒童は、自分の研究してゐることを發表したがよいと思ふ時には、それを發表して行く。そして學級で學習したあと、或は創作してをる劇とか、鑑賞をしてをることとか、特別に研究發表をしたいといふものには研究發表をさせる。そこでこの最後特別な研究發表として發表した兒童は、個人進度表の第二程度の研究發表をするところ迄進んだしるしの圓の中をクレヨンで赤に染めることにしてをる。それで赤で染めてあるしるしをしてをる兒童は、その課は第三程度迄の深い學習をしたことが一目瞭然と進度表でわかるのである。

2 算術

算術ではどうしてをるかといふに、教科書による自由進度といふのが流行するが、私の學級では此の方法はあまりとらない。算術を教科書の自由進度によつて進めることは、動もすると兒童が器械的形式的無自覺的に進むことに陥ることがある。教科書の自由進度によつて進ませる算術だけは上手になるかも知れない。これは算術を單に計算のために課して行くやり方で、兒童は記載されてをるものによつて器械化されて行く缺點を生ずる。

私の算術は兒童の數量生活の向上發展を圖ることが眼目であるから、計算のための算術でなく生活のための算術である。それで兒童の數量生活に起つてくる事實の上に建設して行くやり方である。元來算術といふものは事實の問題を解くといふことが目的である。其の目的を達する手段として暗算筆算珠算がある。從來の算術は計算關係から出發して事實に適用して行かうといふやり方で、教科書の組織も大體其の樣になつてをる。それを私は改めて先づ事實關係から出發して計算關係に行くことにしてをる。即ち事實の問題を解く必要上計算をして行くといふ態度で自覺的に計算を學ぶことにしてをる。さうするためには教科書によつて、個人の自由進度を奬勵すると、教科書に囚はれ數量生活によつて事實の上に算術を建設して行くことが出來難くなる。

そこで私が力をいれて指導してゐるのは、兒童の數量生活の向上發展を圖らせ、自發問題の構成と解決とをさせることである。此の自發問題の構成と解決とを個人に自由に進ませてをる。その個人進度は各兒童のもつてをる作問帳で知るやうにしてをる。又自分の作問を小黑板に發表させてをるからそれでも知ることが出來る。一覽表としては「自發問題の構成と解決の數」といふ表に記入させる。嚴密に知らうと思つたら、一覽表を算術の實質的題目の長さ、金高、枡目、目方、面積、體積等の分類表を作り、それと共に算術の形式的題目の整數の加減乘除、小數の加減乘除等の分類表とを一幅のものに認め、どの兒童は實質的方面ではどこ迄、形式的方面ではどこ迄とすれば至極よいと思つてをる。

算術で個人進度と學級進度との關係をどうするかといふと、兒童の自發問題を小黑板に發表させ、それを學級全体をして評價の結果學級問題を決定させる。學級問題として採用する條件は、第一は實際的のもの、第二は學級算術學習方面の中心點に合致したもの、第三は興味あるもの、第四は創作的發展的で今後の學級算術學習進展に効果あるもの、などが主なるものである。非常に容易なものは暗算問題となり、非常に困難なものは優等兒用の補題となる。かうして各兒童から提出した自發問題で學級問題を構成したら、「自發問題で學級問題になつた數」といふ一覽表中に夫々記入させる。

學級問題となつた以上は各兒童はこれを解決する責任があるから、主として獨自によつてこれが解決をする。勿論教師は指導をする。解決した後は學級學習によつて、檢討をする。檢討した後は「學級問題解決合格數」といふ一覽表に各自合格した數を記入させる。又兒童の自發問題を學級問題にしたものから教科書につないで、計算練習をさせる。此の計算練習は教科書を使用させることし、或は私の方で練習したいと思ふ計算問題を、謄寫刷にして渡すこともある。教科書の應用問題にも連絡をとり、教科書の應用問題を「力だめし」として解かせて見る。

かうして算術學習を進めるのであるから、教科書は定規であるし、參考であるし、反省用練習用補充用のものとして行く。教科書は重要視して行くが、教科書を先きに立てるでなく、兒童の數量生活を先きに立て教科書を背後に置く方法である。出來る限り教科書につないで行くが、どこかに缺陥がありはせぬか、其の缺陥を補ふため、且は能力の低い兒童に學年相當のことを徹底させるため、恰も櫛ですくやうに教科書の初から各頁各問題に亙り「力だめし」として練習をさせ、所謂石橋を叩く主義で確實にして行く。此の練習は學校でもさせるが家庭でも練習させる。かうして各兒童が個人的に進んだものは「力だめし進度表」といふのに記入させる。これは教科書の自由進度とは異つて、事實の上に充分理解をし、教科書の計算問題や應用問題につながれるだけつないだ後、整理として進んで行く進度である。そして此の「力だめし進度表」は教科書の一頁二頁といふやうに頁を單位として進んで行くやうに一覽表を作つてをる。

力だめし的に進んで行く際に、わからないところや、解けない問題は主として個人的に指導して行く。各兒童の「力だめし進度表」に記入してをるものを見て、それの檢答もしてやる。力だめし的練習的に兒童がやつたものであるから、簡單に答だけ位をしらべる。ただ多くの兒童が困つたものや、重要問題と思ふものだけはいくらか念を入れてしらべる。算術の時間にもしらべるが、時には放課後にしらべることもある。力だめしによつて合格した數は「力だめし合格數」といふ一覽表を四人を以て組織してをる分團每に作つておいて、各分團をして記入させるやうにしてをる。此の一覽表を見ると、兒童個人個人に教科書の各頁の成績がすぐにわかる。これを見て成績のわるいものは指導して補ふやうにする。

それから時々考査をして行つて、個人の成績と共に學級の成績を知つて行くやうにする。地方では受持教員が持ち上りでないし、教員の轉任が多いから、私のやつてをる方法がやりにくいといはれる人がある。併し私が前に述べたやうに、學年相當の教科書によつて、力だめし的に練習をし整理をして置きさへすれば、受持教員がかはつても、兒童が轉校することがあつても心配はない。學年相當の教科書以上に自發問題で行くのはどこ迄も行かせて差支ない。自分で問題を構成して自分で解決して行くのであるから確實な伸び方である。

3　綴方圖畫

綴方圖畫のやうに教科書によらないで、兒童の自由選題を主として行くものは、各兒童に學習細目又は學習進度表を持たせて行くがよい。此の學習細目か學習進度表に學習した題目及び其の種類といふのは綴方であるならば、文であるとか詩であるとかを書かせる。圖畫ならば、クレヨンとかパステルとか油繪とかの種類と共に人物とか景色とかを書かせるか。そして教師の方にも、一覽的に題目種類及び大體の評價を書いて行けばよい。そして個人の創作したものは發表會によつて批評鑑賞をさせ、更に適當なものを選擇して綴方ならば謄寫刷にして全兒童に渡して、精細に鑑賞する指導をして行くやうにする。

4 **修身**　修身は大體算術と同じく、兒童の經驗生活を基調としそれから出發して教科書に結んで行くやうにしたい。それで修身帳に自己の問題にするやうなことを書かせ、それ等を提出させて學級學習もして行く。教科書の題目の順序は必ずしもその通りにやらねばならぬと囚はれる必要はないと思ふ。經驗生活から出發して適當に教科書につないで取扱つて行き、取扱つたものには印をして置く。經驗生活から都合よく行けない時には教科書の題目から出發する。このやうにして一ケ年の終りには其の學年の教科書を立派に終るやうにして行く。そこでやはり修身も個人進度表をもとにして、兒童の經驗生活から教科書に結びつけて學習したもの及び教科書の題目から出發して學習したものを進度表に印をつけさせて行くと、學習した課と學習しない課とが明瞭にわかる。それから學級で學習したものは教師の持つてをる教科書に印をして行けば、これ以て便利である。

5　地理歴史

地理歴史の類は讀方の學習と大體似たものでよい。私の學級では地理も歴史も教科書の題目を基にした個人進度表を作つて、個人別に獨自學習をした進度を記入させてをる。讀本と同じく單に一通り讀解しただけでは足りない。それで地圖や教科書を基にし、更に參考書を活用し、よく消化して自分の物とし、學習ノートに或は地圖を以て表現し、或は問題の解決を書くなどのことをして、進んだところを進度表に記入させて置く。さうすると個人進度がよくわかるから個人指導をするのに便利であるばかりでなく、學級學習の計劃を立てて行くのに都合がよい。地理歴史は獨自學習で進んで行くことが比較的容易で、且興味を以て先きへ進んで行くものである。

私の受持つてをる尋常五年では第二學期の初に地理の方は五年六年の地理書の學習を終つたものが二名程ある。それも表面的に單に通過したといふのではなく、地圖を書くところは文部省發行の小學地理附圖を參考した上に、開成館の日本地圖外國地圖をも參考して描き、問題の構成と解決等學習ノートを立派に作りあげてをる。それ等の兒童は尋常五年の地理書の初めから第二回目の學習を始めて、第一回目の遲い兒童を追ひ越してをる。そして學級學習に際しては、ずつと先きをやつてゐても、學級學習をするところを見かへしてあたため、更に精査して學級學習に臨んでをる。全體を學習して其の眼を以て部分を學習して行くのであるから、學習の着眼が非常によいところがある。全體を通覽して部分を學習させる上からも、進度を進めて早く全体を見通すといふことは學習能率の向上からいつて得策である。

6 唱歌體操

唱歌體操なども個人進度と學級進度とを考へて行くがよいと思ふ。そして個人進度に於ては充分に個性を尊重し能力の發揮を圖つて行き、學級學習に於ては個人の研究したものを發表させると共に、普遍陶治一般陶治といふことを圖つて行くやうにしたいものである。

第十二章　個人指導法の要諦

學級經營の仕立が從來のやうに學級教授一齊教授といふことでなく、個性を尊重し個性を發揮させようといふ事に重きを置いたのであるから、個人指導法の研究が非常に大切である。從來とても個人指導といふことは隨分いつたものであるが其の實際の研究は頗るあやしいものである。兒童を本當に伸ばさうと思つたら兒童の自發とこれに對する教師の適切なる個人指導によらねばならぬ。私が學級經營をするに當つて個人指導法の要諦としてをることを述べて見よう。

1　個性能力に適應

個人指導法の第一要諦は兒童の個性能力に適應することである。兒童の能力は比較的にわかり易い。能力の優れてをるものには一々指導することはいらないから兒童自身に於て滿足の出來る學習をなさしめて發展せしめたがよい。優等兒童は如何やうにでも伸びて行くから、教師は相談相手となつて、急所に向つて指導して躍進させるやうにする。能力の低い兒童は失望させることなく、光明を認めさせることが一番肝腎である。それには其の兒童の長所を認めていき、且少しでも進步のあとがあつたら賞賛鼓舞して行くやうにする。

次に個性といふことになるとなかなかむつかしいが、個性の典型があるし、又色々な性質をもつた兒童がある。殊に個人指導をするときに虛榮的のものと學習に對する勇氣なり忍耐の足りないものとには最も注意を要する。虛榮的のものは進んで敎師に指導をうけようとしない。よく出來るやうに見せかけて自分の缺點を少しでもあらはさないやうにしようとする。こんな兒童には自分を投げ出して進んで指導を受けることの大切なことを懇にいひきかせると共に、敎師から發動して學習の樣子を見て指導する必要がある。

又相當に出來る能力をもつてはをるが、勇氣と忍耐とに缺けるために直ちに敎師に依賴したり、初から自分は出來ないとか、むつかしいとかいつて棄てる兒童がある。此の種の兒童に對しては教師は意氣を示して激勵する必要がある。そして勇氣を以て學習し忍耐を以て困難に打ちかつて行かせるやうにすることが何より大切である。

2　教師に必要な精神

個人指導に於て教師に必要なる精神は同情快活熱心忍耐である。同情があれば優等兒童が優秀な能力を持ちながら他の兒童と同様の取扱ひをされるが爲に、犧牲になつて發展することが出來ないと言ふ點に深く注意され、何とかして此の優等兒童を發展させなければならぬと言ふ念が心の奥底から起つて來る。劣等兒童即ち弱者に對して教師の同情が必要であることは言ふまでもない。劣等兒童は教師の同情によつて百千の味方を得た感じを生じて奮起するものである。

又教師の快活によつて兒童は活氣を生じ愉快に學習する樣になる。かくなれば兒童は教師に對して臆することなく、進んで疑問を提出し教師を學習の相談相手として來るから個人指導が適切に行はれる。熱心忍耐は兒童をして學習の困難を征服せしむることになる。殊に劣等兒童の多くは意志薄弱であつて學習動機の旺盛を缺き且學習の永續性に乏しいものである。然るを教師が熱心忍耐の精神を以て兒童の意志を刺戟して行くと、學習の動機も盛にすることが出來るし、不屈不撓の精神をも涵養することが出來る。

3 困難點の排除

愈個人指導に當つては教師の所に兒童の方から來ることもあるし教師が呼ぶこともあり或は兒童の所に教師が行くこともある。同情快活熱心忍耐の態度を以て而かも低聲で奬勵的に暗示的に指導をする。そして兒童が學習上困難として居る所を排除させる樣に發展の光明を認めさせねばならぬ。殊に劣等兒童には學習の根本的障害となつて居る點があるからそれを發見して其の點から救濟してやらねばならぬ。隨つて今學習して居る材料の基本になつて居るもので、前學期又は前學年に學んだものに溯つてそこから徹底させなければならぬ場合が屢々ある。然るに普通當面の所だけをつついて居るから了解が出來ぬのである。

4　自發的發見的に　教師は兒童を指導して自發的發見的に學習する樣にしなければならぬ。兒童の要求に應じて直ちに教師が授與するのはよくない。之には學習輔導暗示によつて、兒童自身に工夫させ發見させなければならぬ。之には學習の參考資料を提供することも大切である。從來はすべて教師といふ人によつてのみ指導してゐたが、今後は實物標本模型繪畫書籍等教師に代つて指導させて行くことが肝要である。

5　學習方法の指導　個人指導に於ては之に適する學習の方法を指導しなければならぬ。讀方は讀方の學習法があり算術は算術の學習法がある。而してノートを利用させて學習した要點なり疑問なりを記載させて置けば、教師は兒童が如何なることを學習して居るか疑問とする點は如何なる所であるか、直に知ることが出來る。兒童から言つても教師に指導を仰がうと思ふ所が、直にわかつて便利である。教師は時々個人について如何なることを學習して居るか如何なる順序で學習して居るかなどを低聲で問答して、學習の方法を會得せしめる様に導くことが必要である。

個人指導は兒童數が少いと比較的容易であるが兒童數が多くなると困難である。かかる難點を救濟するには人數を少くするに越したことはないが、肝腎なことは要點だけを指導する事にして、兒童にも指導を受けたい教師に見て貰ひたいと言ふ點が一見明瞭になる樣に色鉛筆等で印を附せしめ、要點だけを教師に見せたり指導を受けたりする樣に訓練をすることである。

6 特に劣等兒童に注意

個人指導に於ては兒童に依賴心を生ぜしめてはよくないけれども、教師は兒童の弱點を發見して其救濟に努力しなければならぬ。劣等兒童の中には教師に向つて如何なる點の指導を仰げばよいか不明のものがある。是等の兒童は其儘にして置くと、毎日何の得る所もなくて學校から歸るものである。そこでこんな兒童に對しては教師の方から誘導して弱點の救濟をしてやる。そして漸次兒童自身に疑問を提出して自發的に教師の指導を受けるやうになさねばならぬ。

7 學習ノートの檢閲

兒童の學習ノートの檢閲を有效にすることを工夫する。ノートは課外に檢閲することも必要であるが、兒童が獨自學習をしてをる時に見て行く。そしてノートの檢閲では誤りを訂正することも必要であるが、個人の特徴を捉へて、其の特徴を發揮するやう賞賛激勵の文章を教師が朱書して行くことが頗る有效である。左は算術に對する其の一例である。

○君はこの頃算術がめきめき上手になつた。ますますふんばつしてほしい。

○算式と運算とよく區別してあるのはよろしい。君は鐵道大臣といふえらい名を人もわれもゆるしてゐる。作問にも解題にもその發表にも益々奮勵されたい。

○ピタゴラスの定理を應用した實際問題がよくつくれたのが第一に感心な點です。第二に感心な點は其の解き方に開平法がよく應用してあるところです。進んで開立代數グラフにいつてほしい。

8 個人的記録

個人指導を有效にするためには個人的に記録を作つて行

くがよい。それは個人研究録を作つて各兒童を一頁宛か二頁宛にする。そして個人別に記録して行くと、各兒童の個性も明瞭になり又能力の程度進歩の有樣長所短所等も具体的に分つて適切な指導が出來る。尙如何なる點に出發して指導をしたか困難點は如何なる所であつたか、それを如何にして排除させたか、進歩の有樣はどうなつて居るかと言ふことなどを明かにして行くがよい。さうすると其の兒童の長所を發揮させ短所を救濟することが適切に出來る。

第十三章　討議的學習の眞髓を理解せよ

學級學習に於て討議的學習を用ふることに對して、「あげあしとり」とか「理窟いひをつくる」などと非難する人があるが、其の多くは討議的學習の眞髓を理解しない人である。充分に討議的學習の眞髓を研究して其の効果を收めるやうに努めたい。勿論討議的學習には陷り易い弊もあるから、其の弊害を除くことには努力しなければならぬ。以下討議的學習の目的方法注意等について述べて見たい。

1　討議的學習の目的

一体人は他人から一定の型によつて律せられるときには眞の自己を發揮することは出來ないものである、盲從や盲動では眞の自我は發展しないし成長しない。今までのやうに教師一人のいふことをきいてゐては受動的無考慮的に陷り易い。そこで自己を發揮し自己を建設するためには自己の意見を發表して眞か否かを究める必要がある。討議は人の缺點をさがすのでなく、自己を發表するものである。自己を發表することにより自己の意見の眞なるところが確められて益々自信を强くすることが出來る。又自己の誤謬を他人から訂正されることによつて眞をつかむことが出來、他人の意見を聴くことによつて自己成長に資して行くことが出來る。討議的學習は採り且與へるといふ學習の社會化によつて、夫々眞に向つて自己を伸ばすことが出來るものである。

又かうして鞏固な團体を築き正しい輿論をつくることが出來て、ここに多即一の美を形成することになる。

2 討議的學習の方法

討議的學習の基礎は獨自の充實である。獨自學習を充分にしてこれならばといふ自信を得ておくことが必要である。自己に何等もつところなく、思ひつきでやつては自己發表を充分にすることも出來ないし、討議的學習の効果を収めることは出來ない。

討議的學習は攻擊的でなく、建設的協調的でなければならぬ。眞理を探究する爲にはどこ迄も討議してよいが、所謂討議のための討議に流れてはならない。建設的に行き而かも學級の全兒童を活動させて行くには凡そ發表の順序がある。先づ能力の低いものから漸次能力の優れて居るものに及ぶのを原則としたい。丁度種子を蒔いてそれに水を與へ肥料を施して立派な草木として育てあげるやうに考へて行くと、能力の低いものも活動することが出來る。それを一人二人の優等兒のみ活動して教師に代つて發表する樣になつては、眞の兒童本位の學習でもなければ討議的學習の眞髓でもない。そこで優等兒は多くの場合に節制してゐて、後から後からと發表する樣にするがよい。かうすると兒童相互の力によつて建設し整理する事が出來る。兒童が發表し討議した事を教師が必ず整理してやるといふ事にすると、兒童が整理し纏めて行く力がつかない事になる。

討議的學習の習慣を養ふには先づ發表する態度をつくらねばならぬ。兒童が發言しないでは討議は出來ない。初めから發言發表についてやかましくいつては發表を躊躇するやうになる。そこで初は物をいふやうにする。さうすると、初の間には駄問駄答があつて時間が不經濟になることがある。これに對しては教師が適當な注意をすることもよいが、兒童相互に注意し合つて討議の方法を進歩させるが一層よい。討議を進歩させるには成るべく中心問題に向つて其の問題に觸れて意見を述べるやうに指導して行くがよい。

人のあげあしとりをしたり野鄙な言語を用ふることなども討議的學習の過程に於てあらはれることがある。兒童に討議の精神を理解させると共に禮讓の態度を養成して行くと救濟が出來る。

討議には發表態度と共に聽聞態度が必要である。自分の發表のみに意氣込んで他人の發表を聽かないのはよくない。自分が發表すると共に他人の發表によく注意して行くやうになると、自己が伸びることが大である。且討議に「間」があつてよく聽聞しよく考へて發表するやうにすると、價値ある討議が出來る。

討議の席次は會議形がよい。之は兒童の學習氣分にも關係する。即ち教壇の方に向つて排列した從來の席次法は教師に物を教はるといふのであるが、會議形になつて兒童が向き合つてゐるのは兒童相互に學習しようといふ氣分になる。そして討議の際に發表者が全兒童に向つて發表するにも發表を聽聞するにも頗る便利である。席次だけを會議形にし、絶えず教壇の方に注意させて教師が一齊教授するがやうでは會議形の席次の精神を沒却することになる。尚會議形の席次は養護上から注意をしなければならぬ。それには屢々席次を變更し且養護に及ぼす關係を調査して若し缺點があつたらこれを救濟して行くことに努めたい。席次といふものは何も固定する必要はない。可動式にして學習に適當な席次の形をとると共に兒童の場所を適宜變更するがよい。腰掛が廻轉式の丸い形のものであつたら最も好都合である。

3　討議的學習の注意　方法のところに注意をも併せて述べて置いたが、世間の人が最も心配するのが、發表する兒童が偏して、多數の者が發言しない。殊に劣等兒が無關心になつて內的活動もしないといふことである。これを救濟するには第一に獨自學習を充分指導しておくことである。第二には發表の必要を自覺させることである。第三には發表の順序を成るべく平素發表しない個性を先きにして行く樣にする。かういふ樣に注意をしても發表を好まない兒童をもつてゐる兒童がある。それで發表する樣に出來るだけ指導しても個性の然らしむるところによつて發表しないのは仕方がない。併したとひ發表しなくても討議學習の圏內に居て內的活動だけはするやうにしなければならぬ。注意散漫のために學習の圏外に出る兒童に對しては、教師が今は何の問題についての話ですかといふやうにして適當に注意を喚起して行くがよい。

討議的學習は主智的に流れて情意陶冶が出來ないといふ人がある。併し情意の陶冶は充分なる理解の上に出來るものであるから何も討議をしたから情意の陶冶が出來ぬといふことはない。ただ斷片的に理論をたたかはせるといふことでなく、まとめた發表としそれに自己の感動をも織り込んで發表して他人をも感動させるといふやうに指導して行くことは必要である。故に兒童がかかる訓練の出來ない間は兒童のみに任かせないで教師が補説してもよい。

又男女共學の時に動もすると女兒童が壓迫されることがある。勿論これは其の學級の兒童の質にもよる。女兒に優秀なものが多いと却つて男兒が壓迫されることもある。教師が弱者に同情して指導して行けば此の問題も大した心配はない。

第十四章　眞の學習法は劣等兒を造らざるもの也

或縣の當局者は「學習法は劣等兒を養成するものである。」と批評されたと聞いてをる。恐らく敎育者の中にもかかることをいふ事がある。これは實際家の注意と努力の足りない罪もあるが學習法を理解しない人である。眞の學習法は劣等兒を造らないものである。實際家は眞の學習法を理解して劣等兒を造らないことに努め、其の實證を示して世の人の誤解を正すやうにしたいものである。眞の學習法はどうして劣等兒を造らないものであるか。劣等兒を造らないやうにするにはどうすればよいかについて述べて見たい。

1　獨自成長と事前の指導

學習法は自主的自律的に獨自學習をして自己成長自己建設を圖ることを眼目とする。勿論學級學習團體學習もするが常に獨自學習の上に建設されるものであつて、根本精神は獨自學習獨自成長でなければならぬ。兒童は夫々獨自の向ふところに自發的に全力を發揮して行くわけである。この獨自を生かすといふことが自己を認め自己を成長させるわけである。

この獨自成長をさせるためには學校で必ず獨自學習をさせなければならぬ。殊に學級學習團體學習をさせる場合には、其の前に當つて獨自學習をさせるのが必然的條件である。それで獨自學習の時間を特設してゐても特設しないでも必ず獨自學習を經なければならぬ。この獨自學習は短くとも二十分か三十分長ければ一時間も二時間も其れ以上の時間に亙つても行はれる。さうすれば特に能力の低いといふ兒童に向つては教師は一生懸命に事前の指導をしなければならぬ。事前の指導といふのは學級學習團體學習を築く前に當つての指導の意味である。從來の教師中心の一齊教授では劣等兒を指導するといつても、時間中には個人的分團的に接觸して指導する時間は短かつた。ところが學習法では必然的に置かれる獨自學習の時間が長いから、此の時間には思ひ切つて指導が出來る。隨つて劣等兒は未然に救濟することになつて劣等兒を造らないことになる。

2 能力の低い兒童だけの相互學習

私は劣等兒といふ言葉を使ひたくない。教師から劣等兒と命名してしまふことは禁物である。私の述べて居るものの中には文章の冗長をさけるために劣等兒といふ言葉を止むを得ず使用してをるが、劣等兒と命名したわけではない。能力の低い兒童は體にあるから、能力の低い兒童といふ穩な言葉を使ひたいのである。さて優中劣の能力を有する兒童が混淆して學級學習相互學習をする事も必要であるが、又能力の低い兒童だけによつて相互學習をさせることも必要である。之は獨自學習に於て事前の指導をする時にも出來るし、又全兒童の學級學習をした後に事後の指導としても出來る。

優者を除いて能力の低い兒童だけで相互學習をするとなかなか發表もして發表の練習が出來、發表の態度を養ふことも出來る。一體劣者こそ度々活動の機會を與へて行かねばならぬ。活動して使へば使ふほど發達するものである。丁度手足の太い筋肉の逞ましい娘を探さうとすれば都會の娘でなくて田舍の娘でなければならぬと同じわけである。田舍の娘は手足を働かせることが屢々であるから、手足が發達してをる。能力の低い兒童は何回も觸れさせるやうにする。要するに練磨が必要である。さうすると劣等兒が出來ないで行ける。

3　學級學習に注意

獨自の事前の指導や分團の相互學習によつて充分に用意をして後學級學習に入るやうにする。そして能力の低い兒童の問題をも生かして學級問題の中に加へて行くやうにし、學級問題については充分自覺させて自己を織り込ませて行く。學級問題が解けない時には更に獨自學習をさせて其の指導をしてやる。かうして學級學習になつたなら、先づ能力の低い兒童から發言をさせて賞贊激勵をして行く。

學級學習が漸次進んで優等兒が發表するやうになつたら沈默してしまふかも知らないが、此の際内的活動をしてをればよい。此の優等兒が發表して他の兒童が沈默してゐる狀態を見て學習法は劣等兒を造ると批評する人が多い。併し私が述べて來たやうな注意なり努力をして沈默してゐることは心配はいらないと思ふ。言語發表を全員が同時にしなくても全員が眞の學習活動をしてゐるならばそれでよい。

4 奮勵心の鼓舞

所謂劣等兒といふ中には先天的に能力の低いものがあるが、又「ズボラ者」「ナマクラ者」で劣等兒になるものがある。兒童に對する愛といつても姑息の愛ではいけない。眞の愛でなければならぬ。眞の愛は其の兒童を眞の人間としてやらうといふことである。眞の愛ならば手段はどうでもよいといふわけには行かない。そこで是等の兒童に對しては教師の熱心忍耐によつて奮勵心を鼓舞し連續的繼續的の指導と練習が必要である。

5 長所の發揮と職業的陶冶

普通劣等兒といふと、國語算術の出來ないものを指してゐる。併し國語算術は出來なくても圖畫手工体操等の方面には優れてゐる兒童がある。そこで兒童の長所を認め其の長所を發揮させることが極めて大切である。國語算術の出來ないもので、技術的に秀でてゐるものは寧ろ職業的陶治をしてやるがよい。そして其の方でもつて個人的に伸ばすと共に社會的に貢献させせるがよい。

嘗て國語算術の劣等兒だけを集めて編制した特別學級の兒童で非常に困つた兒童がある。其の兒童が卒業後電燈會社の職工になつて、一人前以上の仕事をし個人的にも社會的にも立派な人間になつてゐる實例がある。

第十五章　自治的訓練と體育養護

一　自治的訓練

大正十二年の秋私が尋常四年の學級經營をしてをる時のことである。福岡縣筑紫郡二日市小學校の島田久光君といふのが學習法幷に學級經營研究の爲に長期の參觀に見えて私の學級に三ヶ月居られた。非常なる熱心を以て研究せられると共に私の學級の爲に全力をあげて盡力された。そして學級經營の善惡共に理解され兒童とも全く融和し合つて、最後には數時間學習指導の實地授業をして歸られた。歸られる際尋四學級に告別式をした折同君は兒童へ對し次のやうな挨拶を述べられた。

私は九月の初から此の學級へ參りまして皆さんの學習されることを一々こ

まかに研究しました。皆さんが學習を熱心にされ學級をよくすることに一生懸命であることには大變感心しましたと共に、どうしてやつてをるかを研究したのであります。それは全く皆さんの獨自の力と自治會の力といふ事を見たのであります。そこで私はこれから國へ歸つて私の受持つてをる尋常六年に皆さんから敎へてもらつた獨自の力と自治會の力によつて學級をよくすることをとりいれたいと思つてをります。皆さんをお手本にして皆さんのやうな學級を作りたいと思つてをる先生が日本の中には何千人何萬人居られるかわかりません。否皆さんの學級以上の學級を作りたいと思つてをる先生がありませう。それで皆さんは益々獨自の力を發揮されると共に自治會を盛にされて日本一の學級として日本中のお手本になつていただくやうにお願ひします。

言々句々肺肝から出た感激の言葉でした。兒童は非常に感動を與へられたと共に、別れを惜んだ。特に學級の女兒童は感激のあまり何れも聲を出して泣いた。

島田君は大正十三年の四月學級の兒童が尋常五年になつた時に更に一週間參觀に來られた。そして親しく其の後に於ける進展の樣子を研究して歸られた。歸られた後學級の兒童に對して次のやうな書面をよこされた。

皆さん先日は突然參りまして、いろ〳〵とお邪魔になりました。今度參りましたのは、到着の日皆さんに申しました通り、實は以前の成績と此の頃の成績とをくらべに來たのでした。

そして、きつと、よくなつてはゐると存じてはゐましたが、どの位よくなつてゐるかが見たかつたのです。

それは私の敎へてゐる生徒が毎日勉强はしてゐますが皆さん程にはどうしてもなれません。そこで私の敎へ方が惡いのか、又皆さんも或はあまり伸びてゐないのではないか、又淸水先生から私が充分習つてゐないことがあるのではなからうかと思つて飛ぶやうにして奈良まで參りましたのです。

ところが私の思つてゐることが、すべて裏切られて皆さんの御勉强ぶりといつたら、やつぱり日本一で私の受持の生徒（高等一年）よりずつと上だし、學力も大分皆さんの方があるやうでした。さすがに偉い先生から習つてゐる皆さんは去年よりずつと伸びて居ました。自治會も去年は先生が中心となられて行はれてゐたのが、今度參觀致しますと先生の代りをする者が教壇のところへ出て會の進行の任にあたつてゐた樣でした。こんなことが地方の生徒達には出來ません。何んでも先生にすがつて、その指圖を受けねばならぬと考へてゐます。

やつぱり、どんな事でも獨自の力でやることが必要です。實際皆さんは見上げたものです。そして皆さんが何事でも熱心であることに今度は去年以上に感じました。この獨自の力と熱心とが毎日毎日皆さんをぐん〳〵伸ばしてゐることがわかりました。私の生徒達が五年生の皆さん達よりずつと何事でも劣つてゐることの原因が、ここにあることがわかりました。

今度皆さんの御勉强振りを見せていただいてこの二つの大事な學習要件

を知つたのです。これからはこの二つの要件について大いに研究させたいと思つてゐます。

そして手本にしてゐます。皆さんに私の生徒を少しでも近づけたいと思つてゐます。

奈良は歴史の土地です。過ぎ去つたことで有名なところです。併し此の頃は皆さんの御勉強のお蔭で學校の評判が高く高等師範學校の奈良のやうになつてゐます。ですが皆さんの御勉強が出來ないやうになりますと、學校のことも歴史と同じやうに、もとは奈良高等師範學校も、よかつたが、今はつまらぬといはれるやうになります。そこで、どうか一生懸命で勉強して下さい。さようなら

五月十八日　島田久光

第五學年生諸君

島田君の此の書面は尋常五年の第一學期中教室の背面に掲げて、學級經營の指針とした。島田君の告別の挨拶や書面は過賞のところもあるが、私が學級經營をするに當つて兒童の獨自の力と自治會とに重きを置いてをることを證明してくれたものと感謝してをる。

從來のやうに教師が一々干渉して他律的に訓練して行くことは、兒童の方が受動的になるから責任感が薄弱である。それを兒童自身に考へて自分で律して行くといふ自主的自律的の訓練法をとると、兒童は發動的になつて眞の責任感眞の服從心を以て行動して行くやうになる。高學年になればこの自主的自律的訓練を大いに尊重して行かねばならぬが、低學年でも從來多くとつて來た他律的の訓練を少くして自律的の訓練を採用して行かねばならぬ。幼學年から自主的自律的に訓練をして行くと漸次其の習慣が養成される。高學年になつて俄かに自律的の訓練をとつても容易に習慣をつけることが出來ない。

自律的訓練といふことは決して放縱ではない。教師の干渉を少くして自律的に行動させようといふのである。それで自由を許せば許すほど自己規定自己支配の精神と習慣とを養つて行かねばならぬ。即ち自分で考へ自分できめたことを尊重して行動させる様にする。さうでないと自由は放任放縱になつてしまふ。尚又自律的訓練といふことによつて個性を尊重して行くと、利己主義に流れて團體觀念が缺乏することになり易い。それで自治的訓練を重んじて大いに團體觀念を養つて行かねばならぬ。

一體自治的訓練には三つの要素がいる。第一には自主獨立といふことで他に依賴しないで獨自の力を發揮することである。第二には共同といふことで聯帶責任の觀念である。吾々が團體の一人であり、社會の一員である以上は自分の勝手にはならない。學級經營に於ても學級全員の協同一致によつて學級を愛し學級をよくするといふ責任感が最も大切である。即ち自治の力によつて學級といふ團體の向上進步を圖らせることである。それで自治會はたとひ一回の時間は短くとも每日放課後位に行つたがよい。第三には公共といふことで所謂犧牲獻身の精神である。たとひ自分には都合がわるくても團體の爲に盡すといふことである。之は自己が團體の爲に犧牲になつてる樣であるが、其實自分の爲である。尙自治に於ては、自治團體のリーダーに服從することが大切である。

デューエー博士は學校訓練の新傾向として自治的訓練社會的訓練を擧げ、道德は社會を離れては成立しない。隨つて德とは他人と交ることによつて得た力であり、品性とは社會的に働く力の組織的となつたものと說き、社會的興味社會的知見社會的能力を養成するには、學校を社會的組織となすこと、爲すことによつて學習させ作業を重んずること、敎材を社會的見地より選擇排列することを述べて居る。學校敎育の社會化といふことが叫ばれることになつて來たが、學校敎育の社會化には二方面ある。一は學校の仕事を實社會に接近させるのであつて、敎材の選擇を社會的見地よりし、學校を小社會と見兒童をして自治的になさしめて社會的訓練を施して行くことである。今一つは學校の圖書館を開放するとか學校の圖書を家庭に貸しつけるとか通俗講演を行ふとか或は夜學校を開くとかして社會敎育に盡力することである。要するに訓練に於ては自主的訓練自治的訓練を重んじて行かねばならぬ。

二 體育養護

近時體育は非常に盛んになつて來た。學校體操が著しく進歩して生理衞生解剖の上から研究せらるるやうになつた。併しどうも敎師が中心になつて他律的に一齊的に體操をさせることが多くて、兒童は受動的であつて樂しく體操をするといふことが少い。兒童の自發活動を重んじ自發的自動的に樂しくさせるといふことを考へねばならぬ。それには競技或は遊戲といふものを多く課する必要がある。即ち興味といふことを考へて行かねばならぬ。

體育に於ては各兒童の體質體格を詳細に調査し、これに適應した方法を講ずることが極めて大切なことである。これには學校醫の援助を乞ひ、學校醫と相談の上個人に適應した方法を指導するやうにする。尙個人適應については各兒童に自己の體質體格を理解させ、兒童個人との相談をして自覺的に體育を行はせるやうに努めて行く。

教程に關する智識を始め體育全體についての智識を高めることは教師に必要なことは勿論であるが、兒童にも必要であつて、體育による自己創造自己建設をさせねばならぬ。體操道具の設備は勿論、掛圖寫眞オリンピク等の体育の時事報導をして体育の環境を作ることに注意しなければならぬ。

體育の材料の性質をよく研究して一齊的に號令を用ひて行ふか、個人的にさせるか適用に努めて行きたいものである。いくら個人的に自由にさせるといふものの、教練の如く協同的規律的に行ふものは一號令の下に一齊的に行つて目的を達して行かねばならぬ。又体操のうちでも上肢の上伸側伸の如く氣合によつてやつて行くものは一齊的でよいと思ふ。要は適用を誤らぬやうにしたい。

尙身体の發育や技術等を顧慮して分團を設けて指導することも必要である。そして各分團にリーダーを置いてリーダーによつて各分團が動くやうに訓練して行く。教師は個人的に分團的に指導して行くと、適切有効な体育が行はれることになる。遊戯は兒童の希望により分團して行はせるのも面白い。

養護方面に於ても注意することは多々ある。中でも土地の風土病については校醫について豫防して行かねばならぬ。又學習法に於て席次の問題や兒童學習用參考書の文字の大きさ等から、姿勢や眼の養護に注意を拂ふことを怠つてはならぬ。

第十六章　學級事務の能率增進

今日の繁瑣なる社會に於ては如何に事務を簡捷して能率をあげるかは上下等しく問題としてをるところである。學級經營の當面の目的は兒童の敎育にあるが、其の敎育の實績をあげるためには幾多の事務がある。此の事務を全く省いては學級經營は出來ないし兒童の敎育も十分に出來ないことになる。そこで如何に學級事務の能率を增進するかといふことが研究の實際問題である。

すべての帳簿の兒童名を一定順序にして置くことが大切である。そしてこれは五十音圖によるがよい。學級の帳簿で一番いるのが學籍簿と出席簿である。學籍簿を一枚一枚繰つて事務をするのは極めて能率のあがらない方法である。そこで學籍簿の外に日常使用の便に供する爲に五十音圖による學籍一覽表を作つて一枚の紙で通覽が出來るやうにして置くがよい。それには平素特に必要な事項を網羅し簡單明瞭に書いて置く。例へば次の通りにする。

兒童名	生年月日	原籍	住所	保護者名	職業	兒童トノ關係
天野安雄	大正二、九、一八	内侍原町五	同	安太郎	製墨	父
池田健一	二、七 三	西新在家三	同	守一	教員	父

出席簿も一年分の一番下の紙だけに兒童名を書いて、あとは兒童名のところを切り取つておく、そして毎月一番上から取り去つて纏めて置けば毎月兒童名を書かなくてよい。

それから兒童の算術合格數を書いたり書取數を書いたり其の他各兒童毎に記錄する用紙として一枚に兒童名のみを書いて一覽表をつくつて置くと便利である。それは出席簿と同様に一番上に兒童名のみをずつと書いて、其の下を碁盤目にしたものを何枚も謄寫して置く。

兒童名																						
天野安雄																						
池田健一																						
上村幸太郎																						

すべて規定になつてゐるものは其の通りにしなければならぬが、其の他のことは形式に流れないやうにして、兒童教育に直接貢献する方法をとつて行くやうにする。かういふ風に考へて見ると色々能率を增進することが出來る。尙學級事務で兒童に受持たせそれが兒童の教育上効果あるものであつたら、兒童にも受持たせて行くやうにする。

學級の施設なども徒らに擴張しても駄目であつて、實行によつて能率をあげなければならぬ。

第十七章　學年の程度より見たる學級經營の着眼

學級經營に於ては、高學年と低學年とを問はず、各兒童の個性能力境遇等を理解して、出來得る限りこれに適應した學習指導をなすやうにしなければならぬ。各個性能力に適應した指導によつて、差別的要求に應じて個性能力を發揮させると共に、一方には共通觀の上に立つて一般的の發達程度を考へ一般陶冶普遍的要求をして行くことも忘れてならないことである。

次に高學年の經營と低學年の經營との着眼點について述べたい。第一に學習指導に於て高學年は論理的研究を重んじ且自覺的に兒童に自學自習をするやうにしたい。高學年では學習の材料方面の研究精査が重要であつて、心理的方面の研究を無視してはならぬが、寧ろ論理的系統的方面の研究を重んじなければならぬ。そして兒童が自覺の上に立つて自發的に學習するやうに指導して行く。

教師は兒童の要求に應じて指導して行かねばならぬが、それには材料を各方面から論理的に研究して置くことが最も大切である。學習方法も單に具體にとどまらず抽象し歸納させることが肝要である。低學年に於てはまだ發達が幼稚であるから、心理的研究を重んじて行かねばならぬ。それで材料の研究も必要であるが、如何にして兒童の心理的傾向に應じて學習を指導して行くかといふことを研究することが必要である。低學年では自覺的に學習させるといふやうな事はなかなかむつかしい。兒童の興味に乘じて學習を指導して行くやうにする。

幼學年兒童は生活が單一で渾一體であるといふことから合科學習の研究をして合科學習で指導して行く高學年に進んでも合科の精神は必要缺くべからざることであるが、各科の特質に向つて深く研究するためには、分科によつて學習させる必要が起つてくる。併しながら從來のやうに分科を全く孤立させて學習させるのは不自然で、合科の考を以て學習を指導して行かねば、學習の進歩發展を見ることは出來ない。即ち合科的分科學習とでも名づくべきである。高學年の學級經營者はここに目醒めて、學習の新生面を開拓したいものである。

第二に訓練の方面に於て高學年は專ら自律的訓練自治的訓練を採用し、且内部的精神的陶冶を重んじて行きたい。高學年で干渉を多くすると却つて兒童の反抗心を引越すことになる。道德意識も發達してゐるから兒童をして自覺的に向上進步を圖らせ、兒童相互の自治によつて訓練の實績を擧げる事に努めさせるがよい。低學年も低學年相當に自主的自律的の訓練法をとらせたい。尋常一年の兒童でも自主自律といふものが案外出來るものである。私が尋常一年を受持つて居るときにも、一年の兒童が「先生にたよらないでやりませう。」とか、「先生にいはれないでやりませう。」とかいつて自律的に自治的にやつたものであつた。自律的訓練自治的訓練は何年から始めるかと質問される人があるが、私は何年といふきまりはない。尋常一年から自律自治でやらせなければならない。基礎訓練からして行かなければならぬものと思つてゐる。

併し低學年の兒童は理性の發達も幼稚である。選拔した兒童なら槪して賢いから經營しやすいが、さうでない場合に於ては隨分野生的のものもゐて敎師の手を要するものである。敎師の干涉壓迫を避け、兒童に認容させるところの他律的訓練法をも交へ、出來る限り自律的訓練を奬勵して行くやうにする。そこで精神的內部的の陶冶も或程度までは出來るが、兒童の發達程度からいつて充分の功を奏することは出來ない。それで禮儀を正しくするとか、姿勢を正しくするとか、淸潔整頓を重んずるとか、規律を重んずるとかいふ方面からの外部陶冶をも施して、漸次內心の陶冶に及ぼして行くことが適當である。要するに低學年では決して成功を急いではよくない。たとひ形は自主自律自治のやうであつても、それが敎師の壓迫によるものであつて、歡喜的の狀態でなかつたら、それは本當のものではない。

第三に體育の方面であるが、高學年は消極的體育の養護といふ方面よりも積極的體育の鍛錬を重んじて心身を充分に鍛錬して行く。低學年は之に反し養護の方面に餘程注意して行かねばならぬ。

第十八章　特色あり且全的優秀なる學級王國の建設

要するに學級經營者は學級の兒童をよく理解し兒童に親しみ、愛と熱とを以て兒童を導くことである。愛の徹底融合一致が兒童活動の原動力であつて學級經營の眞髓もここにある。

如何に兒童中心の學習法によつて學級經營を進めようとしても教師の努力がなくては成績があがるものでない。困難に打勝つといふ耐久力、即ち努力の繼續が必要である。學級受持の敎師が實行をし努力をして行けば、必ず學級の兒童も共鳴し感激して實行をし努力をしてくれるものである。敎師が鞏固な意志を以て忍耐努力して行けば學級の成績のあがらないことはない。そして此の努力の繼續がやがては興味化して趣味がうまれてくるものである。

學級は何といつても學級の受持教員の個性によつて色づけられるものである。これと兒童と相和して學級の特色といふものが出來る。特色なき學級は平凡である。併しながら特色にのみ偏してはならない。そこに全般的に優秀なる學級でなければならぬ。ここに特色あり且全的優秀なる學級王國が建設されるのである。かくして行くことが學級經營者として生きて行く道であるし、天下の教育者として生きる道である。そして之が教育者の至樂であり人生の快事である。

かかる特色あり且全的優秀なる學級王國が建設されると學校全体としての成績も高まるわけで、學校長も父兄も議員も當局も喜んでよいわけである。

＊　編集上の都合により、底本２２３～４２３頁は削除した。

學習法實施と
各學年の學級經營
奧附

著作權所有

大正十四年三月二十日印刷
大正十四年三月三十日發行

定價貳圓八拾錢

著作者　清水甚吾

發行者　永田與三郎
大阪市東區上本町一丁目一三番地

製版者　谷口松市
大阪市東區清水谷西之町三三六番地

印刷者　竹本德藏
大阪市東區東平野町六丁目二三六番地

製本所・瀧本製本所

發行所
大阪市東區上本町一丁目十三番地
東京市神田區表神保町二番地
奈良市南半田西町十三番地
東洋圖書株式合資會社
(直接註文一手取扱)
大阪市東區上本町一丁目
振替大阪三九五五六番

大賣捌所
(東京)共同書籍・東京堂 (名古屋)川瀬・星野 (佐賀)大坪書店
(大阪)寶文館・盛文館 (京都)東枝・博省堂 (久留米)菊竹書店

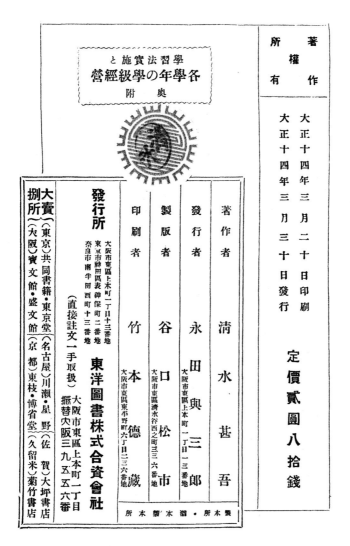

続　学習法実施と各学年の学級経営

續
學習法實施と
各學年の學級經營

清水甚吾著

東京・大阪
東洋圖書株式合資會社
發兌

序

私は、訓導生活のスタートに於て、學級經營の重要であることに氣づき、此の學級經營が敎育の生命であると思つて參りました。

そして、初め、福岡師範學校附屬小學校に職を奉じ、尋常五年、六年、高等一年と順次持ち上つて學級經營をしました。それから、六學年單級の受持になつて、二ヶ年間其の經營にあたりました。

ところが、奈良女子高等師範學校附屬小學校が創設になる時に、皆様のおかげで、同校に職を奉ずることになりました。同校に職を奉じてからは、選拔しない兒童を、尋常四年、五年、六年と持ち上り、次に尋常一年、二年、三年、四年、五年、六年とこれまた持ち上り、更に尋常一年、二年、三年、四年、五年と持ち上つて、尋常五年の終りの大正十四年三月に、それまでに體驗したことを基にして、「學習法實施と各學年の學級經營」を著しました。其の後其の選拔しない兒童を、尋常六年に持ち上り、これを卒業させて、中等學校にやり、中等學校に行かない兒童を持ち上つて、高等一二年合同の學級を一ケ年經營しました。それから、今度は、選拔といふ程ではないが、いくらかよいと思ふ兒童を、尋常一年から受持つて、只今尋常二年の學級經營をしてをります。

都合、訓導生活二十三年、殊に奈良生活十八年、人生の活動期を長い間奈良で過させて貰つてゐますが、其の間、絶えず體驗の生長を圖ることに努めて來ました。それと共に、一面に於て、常に學級經營のことを重要問題として、これに意を注ぎ、苟も學級經營としての新しい問題は、成るべくこれを學級に於て體驗的に研究することにしました。

そして、學級經營研究錄を作つて、理論の實際化と、實際の理論化に努めて來ました。前著の「學習法實施と各學年の學級經營」を出してから、四年目になります。

學級經營、學校經營をするのに、新時代の要求として重要なこと、もつと成績をあげるに必要と思つたこと等について、體驗に基づいた新研究をまとめ、「續學習法實施と各學年の學級經營」として、公にすることにしました。

前著にあることや、普通一般にありふれたことは、書かないことにして、體驗的研究をもとにし、活きた事實なり實話なりを載せることに努めました。學級經營は、空理空論のものでなく、また羅列的のものでもありません。理想と現實との開きの少い、實際的、體驗的、精神的、感激的のもので、こゝだといふ魂のこもつたものでなければならぬと信じてをります。

かういふ風に、學級經營について、體驗の生長を圖ることが出來ますのも、全く、槇山先生や木下先生の御懇篤な御指導と、同僚諸君の御厚情、子供たちのお蔭と感謝してゐます。尚出版については、前著の發行所である東洋圖書の社長永田君を始め、社員諸君の御盡力を煩しました。これまたお禮申し上げます。

人生は、一生修養であります。今後、更に修養に努めて、體驗の生長を圖りたいと思つてをります。皆樣の御批評と御指導とを受けることが出來れば、非常な幸であります。

尙、前著の「學習法實施と各學年の學級經營」と、併せて讀んでいたゞくことによつて、學級經營のことが徹底すると思つて居ります。

御大典を行はせらるゝ

昭和三年の九月

奈良川久保の寓居で

著　者　識

續 學習法實施と 各學年の學級經營 目次

第一編 學級經營と新時代の修身訓練

第七章　新時代に於ける訓練の改造

目次　一〇

第十一章　作業的勤勞的訓練の實際

第二編　尋常一二年學級經營の新研究

第三編　尋常三四五六年學級經營の新研究

第五章 卒業と卒業後の指導……四五〇

第四編　高等一二年學級經營の新研究

＊編集上の都合により、底本１～１３０頁は削除した。

第七章　新時代に於ける訓練の改造

一　時代の趨勢と訓練の重視

1　教授の研究盛なるに比し訓練の研究の閑却　今日教授とか學習とかの研究は實に盛なものである。教授はすぐに目につくから研究が し易く、其の成績もあげ易い。ところが、訓練は其の範圍が廣く、捉へ難いから研究も困難であつて、其の實績もあげ難い。それで、今日まで教授の研究は進歩してをるが、訓練の研究はおくれてをる。

2　學級學校の成績向上と訓練の重視　學級經營や學校經營のことは、訓練が基である。一學級の成績をあげ、一學校の成績を向上させるには、此の訓練を重んじて、これに力を注がねばならぬ。訓練の成績の擧ると否とによつて、其の學校なり學級の成績の一斑を判定することが出來るといつてよい。私は常に此の點に注意して、今日まで自分の學級をよくすること、自分の學級の訓練に力を注いで來た。

學校の成績をあげるにも亦同一である。訓練がうまく行かねばならぬ。今日學級經營、學校經營が盛んに唱道されてゐるが、訓練を閑却しては、到底實績を收めることは出來ない。

3　人間を作るには訓練が必要　人間教育には、兒童の人格の陶冶に力を注ぎ、教授よりもむしろ訓練を重んじ、知識偏重に流れないで、情意の陶冶に意を用ひねばならぬ。

從來の教育が教授といふことに力を用ひて、偏知教育に流れ、所謂もの知りを作ることになつて、本當の人間を作ることを忘れた。本當の人間を作るには情意を陶冶する訓練に重きを置かねばならぬ。

4　世界大戰と國民性の訓練　世界大戰の結果、民族性の研究國民性の研究が盛になつて、國民性の訓練が重んぜられて來た。

意志が強固で奮鬪的努力的の國民を養成しなければならぬ。そして國家總動員の實を發揮することに努力しなければならぬ。國民性の訓練は一方に國民體育熱が盛になつて、今日では一時の物騷ぎでなく、眞面目に研究されて盛んに實行されて居る。

5 社會相と訓練

世界大戰の結果、我が國民は一般に奢侈に流れ、輕佻浮薄に陷り、且外來思想の爲に思想の惡化を來した。從つて質實剛健の風が薄らいだ。畏くも大正十二年には「國民精神の作興」に關する詔書が煥發せられた。

其の後、いくらか目覺めて來たやうであるが、惡化した思想を根絕するためには、國民精神の作興、國民的訓練に大いに力を注がねばならぬ。一身一家を犧牲にして、國家のために盡すといふ精神が大切である。これが我が日本國民の特徵であり、且光輝ある國史を作つてをるわけである。それに今日に於ては、國民精神がゆるんで、犧牲献身以て國家に奉公するといふ考が缺けてをる。

歴史に鑑みても、國民精神が作興した時には、國威が大いに發揚されてをる。例へば、大化の改新や明治維新などはそれである。これに反して、國民精神がゆるんだ時には國が亂れてをる。例へば建武中興の失敗や、戰國時代の如きである。

二　教育即訓練・學習即訓練

1　從來の訓練

從來は教師を中心にして教育の作用を考へて、教授訓練養護と三つに分けて考へた。そのために、此の三つが孤立的になつて、教授の時には訓練のことをぬきにして、單に知識技能の傳達に意を用ひた。養護はまた兒童の身體方面のことのみを考へた。或は知育德育美育體育と四つに分けてそのうちの德育といふのを訓練とした。

このやうにしたことは、教育の作用を煩雜にしたのみならず、訓練といふものは、教授養護以外少くとも教授以外の場合に考へたことは、訓練の効果延いては、教育の効果を減殺した。

2　**學習即訓練**　兒童から考へると、教授とか訓練とか養護といふ區別はない。教授といふも訓練といふも、同一物の兩面であつて、表裏の觀方である。從來教授時間外に訓練といふものがあるやうに考へた嫌ひもあるが、兒童の學校生活では、教授時間所謂學習時間が一番長くて大部分を占めて居る。それをぬきにして訓練を考へては、到底訓練の効果があがるものでない。殊に學習訓練といふが如きは、教授時間と切り離しては全く出來ないことである。そこで教育即訓練、學習即訓練と考へて行くがよい。

教育即訓練、學習即訓練に於ては、常住不斷即ち兒童の生活に即して訓練をして行くことである。教授時間でも教授時間外でも、兒童の生活全體が訓練の機會である。それで兒童は生活しつつよりよき生活への發展をして行く。これが即ち學習であり訓練である。

かうして兒童が個人として、社會國家の一員としての生活を全うすることの出來る人格者になるやうにして行くのである。即ち生活して行く間に、訓練を積んで立派な人間になつて行く。兒童が人格者となつて行くには、健實なる思想識見と、高尙優雅なる感情趣味と、鞏固なる道德的意志と、なほ進んでは崇高偉大なる宗敎的信念とを具備せねばならぬ。即ち眞、善、美、聖の四方法を圓滿完全に發達する人格者たらしめるやうにすることが訓練である。

3　道德的訓練との關係

訓練といふものは生活全體に密接なる關係をもつてゐるものであるから、訓練のみを切り離してやることはいけない。知育德育美育體育等が一丸となつて、常に有機的に調和統一して、人格を作りあげて行かねばならぬ。

併し、其の間に於て、道德的訓練のことに特に留意して行く必要がある。それは動もすると、一般的に全一的に合科的に行く間に、此の方面が閑却されることがあるからである。

道德的訓練といふのが、即ち從來の訓練で、學習即訓練といふものを廣義の訓練とすればこれは狹義の訓練である。道德的訓練は、兒童の道德的感情意志特に意志を陶冶する作用である。即ち直接兒童の實行に訴へ、反復練習の結果善良な習慣となし、漸次道德的の品性を形成するものである。換言すると、善を實行する人間を作るのである。

それで、訓練に於ては、單に道德的知識を得、道德的感情が起つた丈けではいけない。これを實際に實現し、其の實現を繰り返して、兒童の性質に織り込んで人格の向上を圖つて行かねばならぬ。ところが學習といふことは、兒童の經驗行動に訴へ體驗を尊重して行くのであるから、必ずや實行とか體驗とか意志的實行がある。それで、從來考へられた訓練といふものは、教師が考へて居れば、常住不斷、あらゆる機會に指導が出來るから、實に徹底的の訓練が出來る。

其の上、生活を基にした學習では、單に修身とか、狹義の訓練とかでなく、廣く一般的合科的に學習して行くから、必要に應じて、修身や狹義の訓練以外のことに及んで行く。従つて、人間としての修養、全人としての教育が行はれるから更に好都合である。學習法では、所謂訓練といふやうなことは、出來ぬのではないか、おろそかにするのではないかなど考へる人は、皮相的の見解で、學習法であつて、始めて徹底した眞の訓練が出來るといつてよい。

學習をさせて行く間に、人間として起り易い缺點はいくらでも出てくる。之が自然に訓練して行く好機會である。人間として起り易い缺點を訓練によつて改め、昨日よりも今日、今日よりも明日と向上して行くわけである。ところが從來の敎授訓練養護の考では、敎授中絶好の機會に訓練のことを考へて行かない。考へたにしても敎訓位である。學習は必ず兒童の行動に訴へて行くから、そこは徹底的である。今頃生活に即した學習法では訓練が出來ないなど考へるのは野暮である。從來の敎育は、形式的に流れて、人間として起り易いやうなことを、學校敎育でなるべく出ないやうにしておく。それで切磋琢磨が出來ず、眞の修養は出來ない。かうしてから卒業して社會に出てはいろ〳〵な惡いことをする。學習即訓練では、人間として起り易い缺點を無理に出させはしないが自然に出で來たら、そこで訓練しては改めて人格の向上を圖つて行くから、學校を卒業して社會に出るときには、餘程修養されて居るわけである。

三　自律的自治的の訓練

1　他律的干渉的の訓練　父母が其の子を教育しようと思ふと、その子をどんな人物に仕上げようといふ要求がある。したがつて、その教育なり躾けの方法としても、多少の干渉が加はる。社會も國家もその通りである。殊に現今の狀勢に於ては、國際聯盟などのことはあつても、それ〴〵國家が對立して競爭して行かねば、その獨立と發展とを維持することが出來ない。國家と國家との間には、軍事上、外交上、經濟上互に猛烈な競爭が行はれてをる。そのために國民をして、その要求に副ふやうに仕立てて行かねばならぬ。その要求の上に國民の精神を統一しようとし、その心身をして國家社會に役立つやうに作りあげて行く。つまり國家の力によつて、個人を社會化しようとする。從つて國民を教育するに當つて干渉を加へねばならぬことになる。全然兒童の自由に任せることは出來ない。また個人の自由や平和を得ようと思へば、社會的生活を全うすることが出來なくては得らない。

兒童の發達といふものから考へてみると、六七歳頃までの幼年兒童は、衝動的動作時代である。即ち理性といふものの働きは少く、單純なる感覺若くは唯一つの刺戟や、唯一つの表象によつて動かされる時である。それで、此の時代に於ては、兩親なり教師なりが、他律的に世話をして行かねばならぬ。併し干渉に過ぎ壓迫するが如きは、決して人物を養成するわけでない。幼少な子供は幼少な子供としての天眞爛漫なところが特徴である。干渉壓迫のために、型にはめて、子供らしいところがなくて、小さな大人見たやうなものを作つて行くことは、訓練の方針を誤つたものである。

2　自律的自治的の訓練

何といつても、從來の教育なり、訓練といふものは、他律的干渉的に流れて、壓迫したものである。家庭では比較的に自由を許され、比較的に平和に生活した天眞爛漫な兒童が學校に入ると、或は敎權により、或は校則によつて、種々なる要求をもちかけられる。兒童の一擧手一投足は、皆外部から動かされて、自分の考によつて行動する餘裕が殆んどない。私は兒童を無理に拘束することなく、兒童の自由を尊重し、自主的に自律的に行動させたいと思つてをる。兒童の自由を尊重せねばならぬといふことを主張すると、或論者は、

「そんなに兒童の自由に委したら、兒童をして不羈放縱ならしめて、自制克己の美德を養成することが出來ないやうになりはせぬか。不規律無責任の風を釀生せしめはせぬか。學校は不規律無秩序になつて、シマリのない統一のないものとなりはせぬか。」

といはれる。固より極端に流れるとさうなるかも知れない。併し、私はそんな學校になした敎育者も、そんな議論をする論者も、自由といふことに對する見

解を誤つてゐると思ふ。

私の信ずる兒童の自由は、兒童が自分で考へて、善いと思つたことを、自分の力で實行することで、決して自分の感情の興奮や、突發の事變や、性癖習慣等に囚はれず、また其の時に起る他の欲求に動かされないで、自分の信ずるところを行ふことである。自律的自治的の訓練といふものは、兒童をして、かかる意味の自由を體現させるやうに指導することである。換言すると、敎育なり訓練は、兒童の本能衝動的の行動を、次第次第に理想化して行くところにある。即ち兒童の自發的活動を基本とし、これに刺戟と指導とを與へて、だん〳〵と眞の自由を得させるやうにすることである。

論者は、自由といふことについての誤解があると思ふ。それは自由と我儘との混同である。自然主義本能滿足主義の小說などに於て見る無理想不道德といふものが、人間の本能ではない。又自然でもない。理想に向つて向上せんとする欲求、正善を愛する心、高尙な趣味や深遠な知識を求めようとする欲求などが人間の眞の本能衝動ではないかと思ふ。

自由と我儘とを混同してゐる論者も、兒童の自由を尊重することは、兒童が秩序規律を重んじ、自制克己を愛する心を利用することと、全く矛盾撞着することだと考へてゐるのではなからうか。私はあくまでも、兒童の自由を尊重した教育なり訓練を施したいと思ふが、無秩序放縱なる教育には、贊成することは出來ない。

固より兒童に秩序を守らしめるには、教師のいふことに服從することを要求する。併し同じ服從といふことにも、二つの意味がある。服從の結果が著しく兒童の行動を緊張束縛し、干涉壓迫となり、專制的高壓的と化する消極的服從と、服從の結果が、益々兒童の活動を盛んにし、服從すれば服從するほど、いよ〳〵、ます〳〵兒童は喜悅と活動とを得るやうになる積極的服從とである。

兒童に後の意味の服從を要求することは、決して兒童の自由を束縛することとはならない。却つて眞の自由を實現するために肝要なことである。即ち眞の自由は自律自治でなければならぬ。

3　自律的自治的の訓練はいつからするか

これはよく受ける質問である。この質問の背後には、幼少な兒童には自律的自治的の訓練はむつかしいから、尋常四學年とか尋常五學年とかの中學年又は高學年に於て、始めて實施が出來るといふ考が胚胎してゐる。併し、私は自律的自治的の訓練といふものは、中學年とか高學年になつて始めて實施すべきものではなくて、幼少な時から始めなければならぬと思ふ。

すべて事のなるのは、よつて來るところがなければならぬ。幼少な時から、餘り世話をし過ぎないがよい。昔からも「可愛いい子には旅をさせよ。」といつてある。餘り干渉をし、世話し過ぎると、獨立獨行の精神がなくなつて、依賴心を生ずる。私の受持つた子供にも、小さい時に餘りお寶にして、世話をし過ぎて依賴心がおこつて、尋常一年に入學した後も、附添がないと泣いてゐてどうしても、私につつついてくれなかつた子供がある。

前にも述べたやうに、幼少な時には、親や教師の世話がいるといふことは事實であるが、成るべく「自分のことは自分でせよ。」といふ原則を適用するがよい。幼少な子供の時に道でころんでも、大抵の時には自分でおきあがるやうにするがよい。「ああよしよし、かはいさうに。」などいつて抱きおこすと泣かないでよい時に泣く。其の結果は、弱虫となり、依賴心を生ずる。

家庭でも、自分の遊んだ玩具の後始末位は自分でする習慣を小さい時から養成するがよい。私には五人の子供がをる。何れもわからずやで困る。でも三人の子供丈けには、行李を一つづつ買つて與へて、學校から歸つて着物を着かへたり、夜やすむ時に着物を着かへる時には、自分の行李の中へ入れさせるやうにしてをる。朝學校へ行く時には、自分の行李から洋服や靴下や靴下どめを出して用意させて居る。これはつまらないことであるが自律自治の精神と世話のかからないやうにする爲である。

學校でも、尋常一年から、程度に應じた自律的自治的の訓練をして行くことにつとめたい。教師の命令のみによつて他律的に動くといふ丈けでなく、成るべく、兒童自身が考へて行動するやうに訓練したい。學習にしても、いつも敎師から「かうせよ、ああせよ。」といつてやらせる丈けでなく、兒童各自に學習することをきめさせ、それを適當に指導するやうにする。低學年の合科學習の個人選題などはこれである。又尋常一年ながらも、團體的自治によつて、學級の空氣、團體の力によつて、悪いことをやめ、善いことをして行くやうにする。之が學級經營の一要訣である。即ち幼學年とはいへ、子供相互に相なして、學級の發展を圖るといふことにならねばならぬ。自律的自治的訓練は學校ならば入學當初から、その精神で行かねばならぬ。自律自治の萠芽は幼學年から養つて行くことを怠つてはならぬ。

兒童が九歳十歳と進んでくると、有爲的動作時代となつて、多くの表象間に選擇作用が行はれ、其の力の强いものが運動としてあらはれてくるやうになる。此の場合は有爲的動作となつて、自律的に自治的の訓練をする本道にはいつてくる。

それから十二三歳になると、道德的有爲的動作時代となる。理性も發達し理想に向つて行動するやうになる。かうして、自律的自治的訓練がうまく行はれるやうになる。

自律的自治的の訓練は兒童の發達程度なり、學年の如何、學級の狀態によつて、適當の指導をしなければならぬ。兒童個人について考へてみると、必ずしも年齡にはよらない。其の兒童の發達程度なり性質なり、能力なり、家庭の狀況などによつて異るところがある。是等は個性に應じて指導する必要があるが、幼學年から、自律的自治的の訓練をして行くことが大切である。

四　個性尊重と創造的訓練

1　個性尊重と學級の發展

從來は畫一的の訓練に重きをおいた。みんなを一樣にしようといふことを考へて、學級全體の兒童を一齊的に畫一的に訓練をしたのであるから、十把一束の訓練である。從つて個性は沒却せられ、みんなが一樣になつてしまつた。これでも學級の訓練は出來た、學級の成績はよいと思つたのは非常な誤りである。

個性を尊重して、個人の長所を發揮させることが大切である。學級の文化は個性が發揮され、個人の長所が伸びることによつて、發展するものである。即ち從來の學級經營はあまりに共通觀に立ち過ぎた。共通觀も大事であるが、大いに差別觀を尊重したい。

2　各方面のリーダーを作る

私は學級全體のものを一樣にして、畫一的の訓練をしようとは思はない。各兒童の個性を尊重し、個性の發揮を圖り、差をウンと作らうと思ふ。差をつけるといつて、强いて惡いものを作るといふ意味ではない。兒童の個性の發揮を圖ることによつて、各方面のリーダーを作りたい。此のリーダーが出來れば、其のリーダーが先導となつて、學級の空氣を作つて行くやうになる。かうして、學級のレベルを高め、學級の發展を圖ることが肝要である。

このリーダーのことを、一名「金ひばし」ともいふ。今バケツに水をいつぱい汲んで來て、其の中に金の火箸を立てて、水を廻してみる。初の間はなかなか水が廻らない。だん〳〵辛抱して廻して居ると、水が廻り始める。廻り始めてから後は、バケツの中の水が面白い程に廻る。其の時に木の葉でも入れて見ると、廻るなといつても廻る。これが即ち兒童の個性を發揮させて、學級のリーダー又は「金ひばし」を作つて、それによつて學級の發展を圖ることである。さうすると、能力の低いものは、私は便所の下駄揃への金ひばしになりませうかといつて、其の方面のリーダーをなして、學級訓練の先導者となつてくれるものも出來てくる。此のバケツに水を入れて、金の火箸で水を廻してみる實驗は、兒童にもさせてみて、個性發揮と學級の發展との關係を會得させるがよい。

3　個人指導個人學習の時間が必要

地方の先生方と懇談してみると、地方の學校では、其のリーダーとなり「金ひばし」となるものが出來ないといはれる。これは、兒童個人に接觸して其の個人を指導する時間が與へられなく、尙且各個人が學習して個性を發揮する時間が與へられないからである。

從來のやうに、敎授も訓練も敎師が中心になつて一齊的畫一的にやつてゐては、個性を發揮し長所を伸さうと思つても、其の時期がない。個人が自由に活動が出來るのは、學校の休憩時間と家庭に居る時位である。これ丈けでは、到底長所の發揮は出來ない。どうしても學校のきまつた時間內に於て、個人學習の時間が與へられねばならぬ。其の個人學習の時間を與へて、兒童各自に學習をさせてみると、色々な仕事をし生活をするわけであるから、個性が十分に發揮される。學習に於ては、兒童が色々な仕事をし、生活をする間に個性がよくあらはれるから、敎師は此の機會を利用して、個人指導をして行けば、適切有効に個人指導が出來る。

個人學習獨自學習の爲に、私の學校では、毎日朝の一時間目を特設學習時間として與へてある。其の一時間では不十分であるから、二時間目三時間目になつても、個人學習の時間を十分に與へるやうに心掛けてをる。

私は昨年尋常一年の學級經營をする時に、一日に四時間ある中、朝一時間を個人學習とし、あと三時間を團體學習とした場合と、一日に二時間又は三時間を個人學習とし、あとを團體學習とした場合と、何れが敎育上眞に有效であるかを比較研究したが後者の方が、有効であることを體驗した。現在では少くとも、一日に二時間は個人學習をさせる。個人學習を十分にさせた方がよいと思ふ時には一日中に三時間或は四時間させることがある。これは一は、其の日の兒童の學習狀態を觀察し、一方兒童にも相談して、個人學習と團體學習との時間を適當にして敎育の能率をあげることに注意を拂つてをる。今日は、もう個人學習を續けても駄目と思ふ時には、個人學習をいくらか早く切りあげて團體學習とし、今日はもつと個人學習をさせた方が能率が上ると見た場合は、個人學習の時間を多くする。かうして生きた兒童の活動を觀察して、敎育の能率をあげることに每日注意してをる。

4　兒童の創造性を十分に働かせる

兒童の個性を尊重し、自律的自治的にさせることを重んずることは、當然兒童の自己活動創造活動を重んずることになる。兒童は生來活動本能を有するものである。兒童は此の發動性によつて、自分の身體を自由に動かし、自己の目的とする或仕事を成就しようとするものである。かうして、兒童は自己を創造し開拓して行く。實に此の創造的生活か人間存在の第一義である。

教育といふも、學習といふも、訓練といふも、兒童の此の活動本能を刺戟し指導することによつて、其の創造生活を實現せしめねばならぬ。教師を園丁に喩へることは、フレーベル以來のことであるが、實に適當な比喩である。植物は自分自身の發生力によつて、適度の日光と濕氣とを得て、發育を遂げて遂には花を開き實を結ぶ。園丁は其の發達を妨ぐる雜草を除いてやり、適當に日光や濕氣や肥料を吸收することの出來るやうな事情を與へてやる。人間の教育も實に此の通りである。

それに、從來は兒童のもつて居る創造力を輕視して、知識敎授は注入的に流れ、德育や技能は模倣に偏してしまつた。敎授が既定の抽象的の知識を注入的に收得させることに流れて、兒童はいつも受動的であるから、一つも工夫創造がなく、得た知識にも何の生命も活氣もない。技能の如きも、手本や敎師や優等兒のものの模倣によつて、一つも自己の創意獨創といふものがない。從つて奇拔な生き〳〵した製品を見出すことが出來ない。

訓練も同樣で、傳統的の道德を强制することが本體となつて、一つも自己の生活に自己の道德を生み出すといふことが出來ない。古の人の踐んだ型を模倣すれば能事終れりとする有樣である。

このやうに模倣に流れてゐては、到底文化の發達も、社會國家の隆昌を來すことも出來ない。畏くも今上天皇陛下の朝見式の御勅語に「模擬ヲ戒メ模造ヲ勗メ」と仰せ遊ばされたことを、新時代に於ける敎育なり訓練の根本精神として、日夜服膺して指導の任に當らなければならぬ。もとより、私は模倣が全然必要でないとは信じてゐない。創造する精神で自然に模倣が行はれるのは差支ない。

5　創造的訓練の特徴

規定の道徳を以て、教師の方からあゝせよ、かうせよといつて、頭から浴びせかけるのでは創造的訓練は出來ない。兒童の經驗行動を尊重しなければならぬ。從つて兒童に遊ばせる。仕事や作業をさせる。又學習させる。是等の生活全體を訓練の機會として行く。遊ぶにも工夫させ、仕事や作業にも工夫させ、學習には勿論工夫させる。兒童が生活して行く間に道德の向上を圖つて行く。教師は、此の兒童の生活を通じて指導して行くやうにする。

勿論教師は、前以て指導をし注意をすることがあつてもよいが、なるべく兒童自身に考へさせて行く。自ら考へて行くといふ熟慮の間に、自分の生活の處し方についての道德が考へ出される。併し創造といふことは、必ずしも熟慮のみにはよらない。突發的瞬間的によい考が意識の上に浮んでくるものである。

自分が何か事をしてゐる間に、これはいけない。かうすればよいといふことが突發的に浮んでくるものである。又他人の言行によつて、それが機緣となつて自己の修養が進められることが大である。それで、創造的訓練に於ては自ら考へて熟慮すると共に、突發的瞬間的に浮んでくるよい考を掴んで、自己訓練の飛躍の機會となさしめることが大切である。

次に創造的訓練に必要なことは、反省といふことである。自己反省によつて進んで行くやうに指導しなければならぬ。それで創造には間をおくといふことが大切である。即ち反省や創造の餘裕なり時間がほしい。學校家庭に於て、反省をさせるやうに指導し、特に學校では、反省の時間を與へて反省會をやることや、高學年では兒童に反省錄をもたせることが有効である。

併し反省とか何とかいふと、肩がこつて、まるで「石部金吉」のやうに物堅くなるやうに思ふ人があるがそれは間違ひである。從來の道德なり、訓練なりは堅くなつてしまつた。それでは人間性のうるほひがなく、温味がない。此の情趣に缺乏してゐることを非常に遺憾に思ふ。人間といふものは、そんなに堅いものではない。從來の訓練といふものは、形式的に流れ、人間を堅いものに仕上げて餘りに殺風景である。

此の人間的情味に缺けたものではいけない。それで藝術教育、趣味教育がはいらなければならぬ。訓練といふと、軍隊教育のやうに思つて、規律嚴正のみに考へてはならない。今日の軍隊教育などは決して規則づめではないと信じてゐる。況んや學校訓練に於ては、情趣の豊かなところがほしい。趣味の教育は決して道德教育と相反するものではない。却つてこれを助けるものである。殊に現代の社會は餘りに物質的に偏し、餘りに肉體的に流れてゐて、非常に道德が頽廢してをる。これを救濟するには、どうしても高尙な趣味娯樂を以てしなければならぬ。それには、藝術教育、藝術的訓練と相俟つことが大切である。

以上のやうにして行くことによつて、兒童が自覺的に樂しく自ら動いて行くやうにしたい。從來のやうに、先生からああせよかうせよといはれて、何の自覺もなく、先生に叱られるからやるといふのではつまらない。教師の指圖がなければばしない。教師の監督がなければ守らないといふやうでは、教師の目の前で一時は行つても、何處でも何時でも常住不斷に自分の頭を働かして、自分の力でやつて行くことが出來なくなる。

私は、兒童が自覺のもとに、いや〳〵でなく喜んで學校訓練が行はれるやうに希つてゐる。外部からあせよかうせよといはれないでも、兒童自身が、色々な境遇種々なる經驗に遭遇する場合に、彼等自身の自由選擇により自己意志によつて、こんな場合はかうすべきであると判斷し、どうしてもせずには居られないやうになつて、萬事を行うて行くやうにならねばならぬ。兒童が屢々、このやうな經驗を繰り返す間に、其の精神生活や行爲が、次第に組織立てられる。かうして、だん〳〵と兒童の生活は道德的に統制せられて、人格が形成される。これが眞の敎育であり、眞の訓練であると思つてゐる。

6 創造と個性との關係

創造には必ずや個性的活動個性的色彩がなけれ

ばならぬ。即ち、創造は個性を核心とする自我の表現である。從つて個性の顯著なものは創造の分子が濃厚であり、個性の著しくないものは創造の分子が稀薄であるといつてよからう。

ところが、個性の顯著なものは、剛情者とか、きかずやで、敎師の統御といふ方からいふと困る兒童である。從來のやうに畫一的一齊的の訓練をして行くには邪魔になる。從つて、是等の兒童は壓迫され、叱責されたものである。かうして、個性をころし、創造の創の字もさせなかつた。何も個性をそのまま伸ばすといふことではないが、かかる個性の顯著な兒童でも、これを壓迫することなく、善導したい。

個性顯著で、創造の分子の濃厚なところに、創造發展の指導をして行くやうにする。さうして、一方我がままをして團體と行動を共にしないとか、或はむやみに我を通すといふところに、團體的社會的協調的の訓練を施して行くやうにする。かうすれば、個性の長所が發揮されると共に、短所が救濟されることになる。

五　團體的國民的の訓練

1　**訓練の理想**　私共は敎育によつて、社會國家の存立進歩に何等かの貢獻をすることの出來るやうな能力をもつてゐる人物を作らねばならぬ。訓練の理想も此の敎育の目的に合致しなければならぬ。此の意味から考へて、小學校に於ける訓練は

(1)　人類社會の生活に適する道德。

(2)　國民生活を全うし得る道德。

(3)　時代の要求に適合する道德。

而かも、是等の諸德が一人格によつて、圓滿完全に調和統一せられる當體を養成せねばならぬ。

社會共同の生活を全うするには、人類共通の人道に從はねばならぬ。そして

人道を守る人としては、誠實・公正・仁愛・共同・勇氣・禮節等の諸德を實行せねばならぬ。以上の諸德は、如何なる時代、如何なる國家に屬する國民といへども、缺くべからざるものである。

次に現代生活の要求から考へてみると、實に現代は世界列强口に正義人道を絶叫してゐるが、事實は列國相對峙して、劇烈な競爭をなしつつあるの有様である。こんな時勢に適合するためには

(1) 快活にして進取の氣象に富める活動的人物。

(2) 忠實にして自己の責任を重んじ勤勞を樂しむ人物。

(3) 共同一致、社會奉仕の精神に富む人物。

(4) 自立自營、堅忍不拔、奮闘努力の精神を持する人物。

(5) 公明正大にして大國民の襟度を有する人物。

といふやうなことが肝要である。

更に一歩を進めて、國民生活を全うするには如何なる道德を實行せねばなら

ぬか。約言すれば、日本の國民生活をなすに、最も適切なる人物、所謂理想的の日本人とは如何。實に我が建國の精神を體得し、萬世一系の天皇をいただき我が皇室の有りがたき御恩澤に浴し、天壤無窮の皇運を扶翼し奉るものでなくてはならぬ。

我が國民の文化や、我が國民の性格は、我が日本の天地に於て、皇室を中心として我が民族が共同生活を營んだ歴史的產物である。小學校の訓練も、これを基礎とせねばならぬ。つまり理想的の日本國民となるには、教育勅語の御趣旨を奉體するの外に道はない。實に教育勅語は、我が國民の遵守すべき道德の大標準であつて、我が國民教育の大精神は實に茲に存するのである。そして、我が國民は聖諭を奉戴して活動することによつて、始めて國民として理想的の活動をすることが出來、また時代の趨勢に適應することが出來るのである。

外來思想の影響により、間違つた考をもつやうなことがあつてはならぬ。外國のよいところを採ることや、新しきに進むことは、時代の趨勢に適應することから見て必要なことであるが、所謂採長補短、溫古知新でなければならぬ。かかる見地から、新時代の訓練としては、國體的國民的訓練に意を用ふることが大切である。

2　團體的訓練

個性を尊重し創造的訓練によつて、個人の完成を圖つて行くと共に、社會人としての訓練が必要である。社會に於て共同生活をする以上は、是非共、團體的の訓練によつて、共同の精神を養ふと共に、其の習慣を養成して行かねばならぬ。

そこで、幼學年から、各兒童の個性を尊重して、個人の自由を許し、自主的に自律的に訓練して行く間に、團體的生活になれさせるやうにする。即ち各自が自律的に規律を重んじて他人と共同して行くことが大切である。團體的生活として先づ大事なことは、他人の邪魔をしないといふことである。これは小さい子供に私が特に注意してをることである。

それから學校に入學して、多數のものが共同生活をしてみると、家庭で自分勝手にして居つたのと違つて、自分一人が思ふ通りにするわけに行かない。教室内に備付の書物や學習道具にしても、自分一人で自由にすることは出來ない。運動場に於ても、運動道具を自分だけが獨占するわけに行かない。そこに、他人に對する禮儀の訓練が必要である。

更に共同して行動することの實行をさせて行く必要がある。遊戯に於ては共同遊戯が此の目的を達するのに有效である。子供の好きなリレーや、デットボールなどは、個人の力を發揮すると共に共同の精神を養ふのに非常な效果がある。私の學校に於ては、第二時間目が終ると二十分の休憩があつて、此の時間は、全校の職員や兒童が一人も殘らず、運動場に出て、各學級別に、リレーや、デットボールを盛んにやつてをる。これは體育といふ以外に、團體的訓練としての價値を認めて居る。

又共同作業を課するがよい。掃除當番なり、學級當番を始めとして、學校園の作業なども、共同してやらせるがよい。私は個人學習個人訓練を重んずると共に、尋常一年から學級の爲、團體の爲に盡すといふ時間を特別に作つて、學級の爲に働かせる。それを幼學年の子供の程度の言葉として、「皆のために働く時間」といつてをる。兒童が自習時間に於て、粘土細工をしたり、木工細工をしたり、實驗實測をしたり、建築遊びをしたり、色々と個人學習をすると、注意はさせてゐても、隨分教室内が取り亂される。

そこで自習時間の終りには、後かたづけをさせる。此の時は、自分の仕事はすつかりやめて、學級の爲に淸潔整頓をさせる。八組に分けて、第一組は教室の正面、第二組は教室前面のテーブルと中央のテーブル、第三組は建築遊び用のテーブル、第四組は粘土細工の場所、第五組は木工細工をする教室の後方、第六組は、製作物の陳列所、第七組は廊下、第八組は學級圖書棚と小塗板、こんな風にして學級の爲に働かせる。そしてみんなが面白くお稽古してえらくなることの出來るのは、此の學校と此の學級のおかげといふので、團體に對する感謝と奉仕との精神を養つてゐる。

自習時間に於ける學習は、大體個人學習であるが、粘土細工で長さ一メートル位の軍艦陸奥を作つたり、木工細工で大きな飛行機や汽車や電車を作る時には、必ずや共同學習が行はれる。又五月節句の端午の學習や三月節句の雛祭の學習などに於ては、學級全體のものが、それ〴〵工夫して學習しては、其のお飾りをする。是等の共同學習に於ては、共同の精神が養はれ、團體的訓練が向上される。

一般の學習に於ても、個人學習を主とした獨自學習に對し、團體學習を主とした共同學習相互學習をさせる。個人學習だけでは練られることも少く、社會的に活用することも出來ず、取り且與へるといふ社會化の學習も出來ないから、學級學習團體學習によつて、社會化の學習をする。之は單に知識技能の上達を圖るだけでなく、社會人としての性格陶冶といふことを考へて行かねばならぬ。團體的訓練に於ては、自治的訓練といふことが極めて大切なことである。此の自治的訓練は新時代に於ける學級經營として、非常に注目されてゐるから、更に一章を設けて述べてみたい。

3 國體觀念の養成

國民的訓練をして行くには、先づ國體觀念の養成に注意せねばならぬ。天照大神が皇孫瓊々杵尊に賜つた御神勅に基づき、建國の本義を體得させ、國體觀念を十分明確にする。國體觀念として最も大切なことは申すまでもなく、

(1) 萬世一系の天皇を戴くこと。
(2) 君先民後で、君は民を撫育遊ばされたこと。
(3) 天壤無窮の皇運であらせられること。
(4) 君民一家で、皇室は宗家であらせられること。
(5) 臣民は忠君愛國學國一致の美德をもつてをること。

等である。小さい時から腦裡に深く徹底させるため、常住不斷にも注意し、修身國史の學習指導に於ては、特に注意しなければならぬ。又神社參拜とか、祝日、敎育勅語下賜記念日、建國祭、陸軍記念日海軍記念日等の國民記念日とい

ふやうな機會には、學級なり學校で、國民的訓練に意を用ひたい。

4　國民精神の作興　次に國民精神の作興については、これも常に注意せねばならぬが、特に國民精神作興詔書下賜記念日の十一月十日には、大いに實行的氣分を促進することが必要である。國民精神の作興については、學校全體の式で訓話があつた後、學級でもお話をして、其の實行案を兒童各自に立案させた。それをお互に批評をさせ指導を加へたものを一冊に纏めて、教室の後方にさげ、それを對象として徹底的に實行させた。

時々それを開いては參照して、實行を督勵した。私が尋常五年、尋常六年、高等男と三ヶ年に亘つて經營した時、いつも教室の後の方にさげてゐたから見られた人もあらう。尋常五年の十一月十日に初めて實行案を立て、それを教室の後方にさげた。そして一ヶ年實行をして見て滿一ヶ年後の尋常六年の十一月十日には再考をして、一ヶ年の實行の結果に鑑みて、更に實行を進める案を立てさせた。高等一年の十一月十日には三省をし、更に實行の促進をするといふやうにして、三ヶ年程續いて實行させたが、餘程迄緊張したやうであつた。其の後、低學年を受持つたから、遺憾ながら其の兒童には繼續的實行をすることが出來なかつたが、當時の實行案は次の通りである。

國民精神作興詔書實行案　尋常五年十一月十日立案

尋常六年十一月十日再考

高等一年十一月十日三省

として、厚い一冊の帳面となつて、私の學級經營の記錄の一寶となつてをる。全體の兒童の分が二ヶ年分乃至三ヶ年分ある。今一兒童のものを掲げてみよう。

國民精神作興詔書實行案　尋常五年十一月十日立案　N兒

1　儉約法　僕は出來るだけ、むだな金をつかはないやうにする決心である。

(1)　今までは一錢や二錢位かまはん。この位と思つてゐたが、考へてみると、一人に一錢位は何でもないことだ。併し日に三錢づつ儉約すれば、奈良縣だけでも、一日に、一萬八千圓の儉約をすることになる。僕はこれから少しづつでもためよう。昨年は僅か六ヶ月ばかりで、二錢三錢四錢といふ釣錢等をためておいたのが、十圓餘りになつた。僕はこのことを思ひ出しては儉約につとめよう。

(2) 今まで、紙や鉛筆をむだにつかつてゐた。第一鉛筆は何ダースもあるので、粗末にするが、此の間しらべた時でも十幾本も出てきた。紙だつて、家で書くうちの半分は樂書だつた。今日のお話では、日本の借金は實に五十億圓といふことだ。儉約しなければならぬ。紙一枚でも鉛筆でも一人にとつては何でもないが、日本中がこれであれば大變なことだ。

2 勤勞法　今までいやになるとよくやめたものだ。それで父に何時も注意されたが、今日は本當に感じた。これからはやめないでやる。

(1) うんと家で勉強しなければならぬ。一ぺん位勉強しないでもよいといふ考で勉強しない日がよくある。まして今日は地理をしなければならぬと豫定をしてをつても、しない日が多かつた。併し、もう少し、もう少

し、もう少しと思つて勉強しなければならぬ。

(2) 僕は用事をいひつけられても、なかなかしない。してもおこりながらよくやたつたものだが、もつと辛抱といふことをやらなければならぬ。出來ない時は、「今日の憂ひは明日の喜び。」といふことを思ひ出して一生懸命に勵まう。

尋常六年十一月十日再考　滿一年後　N兒

1 儉約法　はその決心通りに實行することが出來た。集つたお金は適當に有益なことに使用した。又第二の紙の方も幾分實行することが出來た。

2 勤勞法　は十分に實行が出來た。大體次のやうにした。

(1) 月火水木金土は朝から夜までよく勉強した。

(2) さうだが、日曜一日は遊ぶことにした。六日間勉強したそのつかれをやすめ、家庭の用も出來るだけ、此の日は命ぜられないやうに、父母にたのみ、やすらかに自由な一日を送ることにした。

3　今後に對しての決心

(1)　滿一ヶ年實行したうちのよい點は、そのまま實行する。

(2)　今までに實行の出來なかつた點に力をそそいで、日用品の儉約や、命ぜられた用事をすることなどに眼をつけてゆく。出來なかつたことは、鉛筆を大事にすることと、父母からいひつけられた用事をすること。

以上は尋常六年十一月十日午前十一時四十分に於ける前年の良非に對する反省と、今後の決心である。

此の子供は、尋常六年卒業するなり、中學校へ入學したため、三省までは行かないで再考で終つた。高等まで引續いて來た兒童は、三省までやつた。かうして、國民精神の作興に力を注いだ。

第八章　規範的訓練の實際

一　訓練の系統

1　系統重視の訓練　從來學校の訓練には統一がなければならぬとか、訓練は系統的の方案によらねばならぬとかいふことから、校訓とか、訓練要項とかいふものを設けて、兒童の行爲の規範とし、敎師が兒童を訓練する標準とすることが行はれた。

或は誠實、勇敢、親切とか、或は正直、禮儀、勤勞、規律、淸潔といふやうに、主德を三種乃至五種を選んで、立派な額面として玄關や職員室や各敎室の正面に揭示して、校長の講堂訓話や、毎週の朝會や、各學年に於ける修身敎授に於て、其の歸趨をこれに求めることにした。

奈良女子高等師範學校附屬小學校に於ては、明治四十四年の開校當時は、一定の區域の兒童を收容し、地方の小學校と同一狀態であつた。從つて當時の兒童の實情に鑑み、外部の形を整へて、漸次内部的精神的の陶冶に及ぼすといふことから、外部的陶冶を先きにし、内部的訓練を後にされた。

一　外部的訓練要項（明治四十四年六月三十日制定）

1　姿勢を正しくせよ。（着席、起立、步行）

2　淸潔に注意せよ。（身體、服裝、居所、用具）

3　規律を重んぜよ。（時間、場所、衣服、用具、動作）

4　禮儀を守れ。（言語、服裝、擧動）

5　元氣で眞面目にやれ。（學習、運動、作業、其の他）

二　内部的訓練要項（大正元年十一月十四日制定）

これは道を行ひ事をなす即ち行爲の徑路から割出されたものである。

1　用意する。（何事をするにも用意してかかるといふ意）

2　出來る。（出來るといふ自信なり覺悟を以て奮闘努力するといふ意）

3　恥しくない。（全力を盡して恥しくないといふ意）

元來、訓練には、外部的陶冶又は身體的陶冶として、末梢作用の修練による訓練と、內部的陶冶又は精神的陶冶として、中樞作用の修練による訓練とがある。

小學校の兒童、殊に小さい子供や、野生的の子供は、外部的陶冶から漸次內部的陶冶に進み、兩者相俟つて訓練の効果をあげようとの考であつた。

2　生活指導と生活發展の訓練

ところが、だん〳〵時代もかはり、私共の學校の兒童の樣子もかはつて來た。そして、兒童の生活を指導して、道德を自己の生活の中に創造して、生活發展をなさせようといふことを考へるやうになつた。即ち自己の生活全體、人格の發動全體が道德的とならねばならぬ。生きた子供、魂のある子供、發展して居る子供の訓練としては、どうしても、子供個人の生活といふものや、學級といふ生きた團體の動きを見て行かねばならぬ。

さうなると、系統にとらはれて、大人の頭で傳統的の道德を系統たてて、訓練をして行くといふことでは、子供の個性や生活にぴつたりこない。又學級といふ生きた團體の動きにそふた適切な訓練が出來なくなる。生きたものの動きに應じ、發展的に指導することが大切である。

併しながら、或程度に於ては、兒童の心身發達の程度、學校に於ける生活の狀態によつて、學校なり學級に於てこんなことに力を注いで行かうといふことや、或時期には、特にこんな點に留意して訓練をして行かうといふことの豫想は出來る。それを、敎師が參考とし、深く胸中に藏めておいて、生きた子供の生活を見つめながら、臨機應變、適切な指導をして行くやうにすることは惡いことではない。ただ、敎師の立てた系統を眞正面からふりかざして、兒童を或る鑄型にはめこむやうなやり方になつては、根本を誤つたものである。

つまり、生活指導と生活發展の訓練をして行くことが大切であるから、一定不變の訓練系統案はないわけである。たとひあつたにしても、それは、精神をとつて、大いに融通がきき、活用の出來るものでなければならぬ。

二　校訓・級訓・訓練要項・兒童心得・校歌等

1　性質

校訓とか級訓とかいふと、非常に大袈裟に考へられるが、そんなものではない。是等は、學校訓練なり學級訓練の目的を達する手段として必要なもので、決して、教育勅語と對立したり、教育勅語の範圍外に出るものではない。我が國には、立派な教育勅語があるから、教育勅語以外に校訓を作ると、教育勅語との輕重如何といふことから校訓の不要を逑べる人があるが、校訓はかかる性質のものでは斷じてない。級訓に於ても同樣である。

訓練要項や兒童心得に於ては、一層具體的に學校なり學級の訓練事項を示したものである。校歌は其の學校の精神なり「モットー」をあらはしたもので、感情に訴へ、意氣を高めるのに効果がある。

以上の校訓、級訓、訓練要項、兒童心得、校歌などの要不要及び効果の有無は、其の學校の首腦者を始め、これを使ふ人の精神と適用の如何によつてきまるものである。「制度の運用は人にあり。」といはれるのは當然である。學校なり學級に於て、敎師と兒童とが常にそれを目標として力を入れて行き、且敎師兒童の反省をする對象として行くと、たしかに訓練の効果を奏するものである。

2　制定上の條件　さて、校訓、級訓、訓練要項、兒童心得を作るとして、どんな條件によつたらよいかといふと、

(1) 敎育勅語を目標として、之に從屬させる。

(2) 成るべく修身書の德目と聯絡し、且基本的の德目を選ぶ。

(3) 時代の要求せる日本人としての人格養成を目標とする。

(4) 其の地方の特徵を發揮すると共に短所を救濟するといふ地方色をもたせる。

(5) 學校の特殊的事情を顧慮する。

(6) 學校生活中に於て實行の機會の多いもの。

(7)　効果を収め易いもの。

(8)　多からんより少いがよい。

(9)　學校の首脳者を始め職員が、これならばといふ信念のあるもの。即ち其の學校の「モットー」をあらはしたもの。

(10)　級訓は、兒童の發達程度を考へ具體的であるがよい。

といふことなどである。

三　模範人物

訓練を進めて行くのに、模範人物とか或は儀表人物とかを定めて、これに法らせようとするのである。これも研究しなければならぬ。模範人物を選擇してこれを模範とさせて行くと、其の人物の精神なり行爲は徹底するが、第一教師の主觀によつた人物によつて陶冶をする傾きがあつて、偏する嫌ひがある。且他の人物が輕視される。更に、兒童の將來に於ける目的に副ふとか、家庭の希望、兒童の嗜好が沒却され易い。

一體模範人物の最も價値があるのは、青年期に達してからである。それで小さい時から少數の模範人物を選擇して、それによつて訓練をすることは考へものである。修身書が、色々な方面から人物を採用して道德敎育をしようとしてあることは、一面是等のことを物語つてをるものである。

ただ、鄕土的人物は、祖先父母とも關係があり、且兒童も親しみ易く生活とも關係が深いから力說する必要がある。

四 共同規約による精進

魂のある子供の生活發展に應じ、又生きた學級の生長に從つて、これに即した訓練を兒童と敎師とが共同的に話合つて、規約のやうにして訓練を進めて行くことは私の經驗上頗る有効である。

「みなさんとして、今一番大事なことはどんなことでせう。」「此の學級として一番注意しなければならぬことは何でせう。「此の學級をもつとよくするにはみんながどうしたらよいでせう。」とかういふ風にして、兒童と教師とが相共に力を合せて、精進の道を協議する。そして、目標とし力を入れて行くところを定め、それを共同規約の形として、小黑板に書く。其の小黑板を私は高學年經營の時には、正面大黑板の横に置いて、それを見ては常に努力し反省することにした。又低學年では、ボール紙製の小黑板に書いて、教室の前の方に揭げて兒童といつしよに其の實現に努力した。

今其の一例を示すと、私が現在尋常二年の學級經營に當つて努力してをることで、小黑板に書いて示してをることは次のことである。

口　自分のおけいこをするとき

一　自分のすることをきめる。

二　人まねをしないで工夫する。

三　一しようけんめいにする。

四　しんぼうづよくして、りつぱなおけいこをしあげる。
五　ノートをきれいにかく。
□　いつしよのおけいこをするとき
一　しせいをよくして、みんななかまにはいる。
二　よくはつぴようする。
三　人のいふことをよくきく。（話上手よりきき上手）
四　しつもんひひようをよくする。
勿論、これは子供の生長、學級の發展と共に、共同によつて生長して行く。

このやうに、兒童の生活にぴつたりと即した、具體的のそして生きた共同規約によつて訓練を進めて行くことは、たしかに有効であると信じてをる。

次に、私が高等小學の學級經營に於て、共同規約として學級正面の大黑板の横の小黑板に書いてをつたものの一例を示してみると、
□　高等男兒第一學期

一　事前の計畫を十分にする。
二　仕事のかかりをぐずぐずしない。
三　時間の利用に努める。
四　仕掛けた仕事に全力を注ぐ。
五　仕事の出來ばえを自ら反省する。
六　事後の自治會に於て躍進を圖る。

□　高等男兒第二學期（第一學期に加ふる努力點）

一　獨自學習の場合に於ける圖書館空氣（靜肅の嚴守）
二　ノートの書き方（構成的に工夫する）
三　正しき姿勢
四　淸潔整頓
五　火の用心

こんな風に、進歩に鑑み、時期に應じて、最も適切に、共同規約によつて精進することが、訓練の秘訣である。

第九章　境遇的訓練の實際

一　環境による訓練の重視

1　居は氣を移す

これは昔からいつた言葉である。彼の孟母が其の子の孟子を敎育する爲にとつた、孟母三遷の敎といふものは有名なものである。これは全く環境による敎育、環境による訓練を重視したものに外ならない。

境遇から生まれた其の人の性格は爭はれないところがある。あまりに幸福であまりに樂な境遇に育つた人は、却つて人物が練られてゐない。人間は苦勞を積むことが大切である。即ち苦勞は人間修養の藥といつてもよい。

從つて訓練に於ては、各兒童の境遇を知つて其の境遇に應じての指導をしなければならぬ。それと共に、敎育的に考へた色々な境遇に接觸させることが必要である。

2　心的環境の整理

環境整理といふと、多くの人は直ちに物的環境であ る設備を考へる。併し、私は教育に於ては、精神的環境即ち心的環境の整理が、物的環境の整理以上に大切なものだと思つてゐる。殊に訓練の如く、意識的に無意識的に感化を及ぼすものに於ては、一層重大視せねばならぬ。

そこで、心的環境の整理に於て、なるべく善環境を作る必要がある。學校内に於ける校風級風をよくするは勿論、家庭との連絡による家庭改善や、社會教育による社會改善にまで意を用ひねばならぬ。學校内だけをよくしたところで教育なり訓練の成績といふものは高まるものでない。學校の内外共に、心的環境が整理されて、出來る限り善環境に導くことに努める。

ところが、今日のやうに交通機關が頻繁であり、新聞雜誌が行きわたり、思想の傳播がはやく、物質に走り易い世相に於ては、善環境の内にのみ生活させることは出來ない。たとひ善環境のみに生活するといふことが出來るにしてもそれのみをしてゐては、却つて實社會に迂遠な人間を作ることになる。世の惡い場面を見、わるいことをきいても、其の際に自己を誤らないやうに訓練して行くのが、實社會的の人間を作ることになる。

學校の行事としては、色々な教育的行事によつて、訓練の實をあげることに努力しなければならぬ。

これ等のことについて、もつと具體的に述べてみたい。

二 感化的訓練

1 教師の感化

昔の塾といふものは、吉田松蔭の松下村塾を始め、偉大なる感化を與へたものである。時勢が時勢だけに昔のやうに、一つのものに接して精神を集注させることはむつかしいが、それにしても、教師の感化といふことは大切なことである。殊に學級經營に於ては、教師の感化といふことは恐ろしいものである。

教師は、兒童との間に隔壁なく、常に兒童愛によつて兒童に同情し、兒童と共に修養し、敎師は先きに立つて實踐躬行して、兒童を指導して行くやうにすれば、必ず敎育や訓練の効果はあがる。而かも、學習法による敎育は、兒童から、敎師が受ける感化が隨分多い。學習法には、かうした師弟共に助けあつて向上することが出來る美點がある。

2　兒童相互の感化

同級生相互には、常に接觸してゐるから、知らず識らずの間に感化を受けるやうに指導して行くことに努める。それで、學級經營に於てはよい感化を受けるやうにする。それには學級の空氣をよくすることである。又自治會等によつて、互に善を責め惡をとめるといふことにして行く。

兒童相互の感化に於ては、同級生相互の外に、上級下級相交つて、恰も家庭に於ける兄弟姉妹のやうな、長幼の序と親しみとについての訓練を考へて行かねばならぬ。此の意味に於て、上級下級の兒童を接觸させ、更にそれを組合す會合などを計畫するとか、進んでは學級編制をしてみることも有効である。單級學校の如きは、此の敎育的價値を大いに發揮したいものである。

3　朋友の感化

人は交る友達によつて善くもなれば惡くもなることは、明かなことである。殊に、小學校の高學年兒童や、中等學校の生徒は、朋友の感化による影響は實に大きいものである。小學校の幼學年のときの優等兒が、小學校の高學年や、中等學校の生徒になつて、交る友達のために、遂に取りかへしのつかないやうになつた實例は夥しい。家庭ともよく連絡して、惡い友達と交らないやうにし、且屢々、朋友の選擇に注意して、良友と交り、惡い友達と交らないやうに教訓を與へることが肝要である。

尙直接の友達でなくとも、風紀の惡い學生に親しんだり、それ等の言行を眞似したりしないやうに注意することも大切である。

4　家庭社會の感化

家庭に於ける感化については、特に母親の影響が大である。保護者會を開いて、學校家庭の連絡、特に家庭に於ける注意等を知らせる必要があるが、母の會を開くことが有効である。若し家事上の都合で學校へ集つてくることが、家庭の母としてむつかしいならば、通學區によつて、夜間に母の會を開くがよい。尚それで不徹底であるなら、家庭訪問として敎師が家庭へ出かけることである。奈良女高師附屬小學校開校當時に於ては、學區制度の子供で、奈良市としても特に惡い方面であつたから、家庭訪問を唯一の學校家庭連絡法として、殆んど每日家庭訪問に出かけたものであつた。

又社會の惡影響に染まないやうにして、弊風の改良に注意して行かねばならぬ。特に注意したいのは、近時不良少年とか不良靑年とか、惡いものが團體をなして誘惑するから、かかる誘惑にかからぬやうに注意がいる。活動寫眞も、兒童の好むものであるが、それからくる弊害は恐るべきものがある。それで、子供だけを活動寫眞に行かせることは嚴禁するがよい。たとひ親がつれて行くにしても、敎育的のものに限ることにしたい。それで今後はどうしても映畫敎育の硏究をしなければならぬ。

5　模範人物の感化　前には極めて小數の代表的人物を選擇し、これを儀表として訓練を進めて行くことは、あまりよくないといつておいた。併し、修身の時間等に於て取扱つた模範人物によつて感化を及ぼすといふことには努めて行かねばならぬ。

三　會合其の他の境遇による訓練

1　儀式　儀式では感情陶冶を主として行く。有意的に陶冶を受けることの大なることは勿論であるが、又無意識的感化を受けることも少くない。講堂の式場にはいると、しんとして頭に何ともいへない感じがして、感に打たれる。此の點からいふと、低學年の兒童などは、たとひ儀式に於ける誨告や其の他のことがわからぬにしても、此の儀式的感化による影響の大なることを認めねばならぬ。

儀式に於ては、嚴肅、秩序、規律、禮儀、崇敬、同情等の念を養成しなければならぬが、誨告なり訓話が有效に行はれることに注意しなければならぬ。式場に於て誨告のあつた後、各學級に於て、兒童の程度に應じて敷衍することもよいが、かかる事後の話よりも、事前に於ける學級の訓話の方が効果が多い。私の學校では、儀式の場合は、先づ學級で二十分なり三十分話をして、態度を作り注意すべきことがあれば注意をする。訓練の一秘訣である「機先を制する」といふことの適用に努めて居る。學級訓話がすんでから、極めて靜肅に講堂の式場に向ふことにしてゐる。さうすると、尋常一年の兒童であつても、儀式に於ける教育的價値を收めることが出來る。

儀式の場合の誨告なり訓話は、兒童を對象としなければならぬ。若し來賓や保護者を主としたものであつたら、それは間違である。低學年から高學年までが一堂に集つた場合には、其の程度の差が著しいから、どの邊を程度として話すかといふことは骨の折れる問題である。大體は、下のものまでわかるといふ考でするのが成功である。即ち成るべく平易にして、尋常二三年を標準として話すがよい。時に高學年の兒童にもピリット觸れることが挿入出來れば最も妙である。尋常一年などはたとひ話にわからないところがあつても、靜肅にしてゐるといふのが、儀式的訓練の價値あるところである。

2 朝會

學校の校長及び全校職員の精神から行はれねばならぬ。精神のない模倣は駄目である。事柄そのものよりもやる人の精神が大切である。この朝會といふものは、學校全體の空氣に關係するもので、空氣を良好にし、實行の氣分を促進するやうにしなければならぬ。

朝會である行事は、首腦者の話、週番敎員の話、體操、學藝會等で、敎師ばかりが話すより兒童にも話させるがよい。殊に學校全體に關する自治的のことは高學年の兒童に話させる方が、却つて効果の多いことがある。

訓話は、惡いことの訓戒を數多く並べたてるのはよくない。餘り賞めすぎるのもよくない。兒童の心にぴつたりと、何ものかが心線に觸れるやうにするがよい。それには兒童の生活に即し生命に觸れるやうにして、生活發展生命伸展といふことにならねばならぬ。一方に兒童の經驗行動を認め、其の基礎の上に何ものかを植付け發展させるといふ要領がよい。そして、朝會の訓話は、學級に於て、程度に應じて敷衍し、其の徹底と實行の効果を收めるやうに、各學級主任が努めて行かねばならぬ。

體操をやるなら、職員全部がやるといふ意氣込みが必要である。迅速に秩序正しく集合するとか。姿勢を正しくするとか。話をよくきくといふやうな、會合に伴ふ訓練の効果を收めるやうにする。

現在私の學校では、毎週月曜と水曜との二日は全校兒童が集つて朝會がある。そして、月曜は主事の話、週番訓導の話をなし、水曜の朝會は主として趣味の會合として、輪番で一學級又は二學級宛の學藝會をしてをる。他の火木金土の四日は、各學級に於て、學級朝會をしてをる。學級朝會は、學級主任の話、自治會、學級學藝會等である。

3　講堂訓話　講堂訓話の價値としては、嚴肅の感に打たれて無意識的感化を與へ秩序規律共同といふやうな德が養はれ、學校の統一、活知識の養成國民記念日に於ける國民精神の涵養、模範人物の講話による感化等色々ある。

訓話をする者は、學校の首腦者又は適當な人がする。實際に於て、尋常一年から高等二年迄にいつしよにお話することは、朝會の場合と同樣こまるところである。朝會は概して時間が短いが、講堂訓話となると朝會よりも長くなる。それで、小さい子供と大きい子供といつしよにして、長い間話しても効果は少いから、餘り長くならないがよい。

十分に徹底させようと思ふと、低學年部と高學年部との二つに分けて話すか或は、低學年部、中學年部、高學年部と三組に分けて話すがよい。

4 **運動會** 運動會では、運動の奬勵、體力技能の發表、勇敢、規律、機敏、公正、共同等の習慣が養はれる。

運動會といふものは、體育上、訓練上大いに注意を要するものであるが、運動會に對する綱領を簡單に列擧してみよう。

(1) 現在では餘程少いやうであるが、觀覽者をよろこばせるための一時的のものより、平素十分に練習した體育運動を尊重するがよい。

(2)　個人競技と團體競技の割合は、前者一に對し後者二といふがよろしからう。

(3)　選手式に偏せるの感がある。全兒童が出て活動するがよい。かうして自然に選手が出來るのが理想であらう。

(4)　遊戯や競技のみに偏しないで、體操をも適當に加へたがよい。

(5　團體的訓練、質實剛健の國民精神を養成することに意を用ひたい。

(6)　高學年の女子には體育的曲線運動を入れたがよい。但し見せもの的のものは避けたい。

(7　他學級に對し、其の學級の特徴とも稱すべきクラス遊戯即ち級戯といふものがほしい。これは學級經營上是非實行したい。

(8)　學校經營の延長といふ意味に於て、來年入學する兒童の運動を加へ、卒業生との連絡上より卒業生の運動をも加へたがよい。

(9)　運動會を學校祭とも考へ、其の日一日は兒童教師保護者有志議員當局者挙つて楽しむやうにしたい。

(10) 時勢を矯正する意味に於て、特に加へたい運動種目。

イ 綱引(剛健忍耐共同の氣象養成のため)

ロ 競歩(競走はあるが、歩くことの競争はない。常時の姿勢を以て、迅速且耐久の歩行練習は、體育上からも日常生活上からも缺くべからざるものである。)

ハ ランニング。

ニ 方形ドッヂボール(短時間で、而かも道具が少く、ボール一個で多數のものが同時に運動することが出來、諸種の徳性を養ふことが出來る。)

ホ 職員の運動として、リレー、ヴアレーボール、バスケットボールの類。

5 **遠足、修學旅行、校外學習** これ等のものは、規律、忍耐、共同、親切、克己、勇敢等の習慣が養成されると共に、自然人事に對する審美心や實際的の活知識が養はれるものである。

兒童をして、前以て研究させ且準備や途中の心得や、目的地についての心得等について、兒童に立案させ、學級で發表會を開き、事前の自治會を開くがよい。漫然と引率して行つては効果がない。又教師から刷り物を渡し注意を與へて、兒童が受動的に教師に引きずられて行くのは教育的でない。兒童自身が自分共が行くといふ態度になつて、發動的に計畫も立て、前しらべをし、注意事項について打合せもする。それを教師が指導するといふ態度がほしい。

歸校後も、それで打ちきらないで、自治會によつて反省をさせてみたり、見學事項は、前以てしらべたものと一丸となし、更に足りないところを補つて、本當に自分のものとして、學級に於て發表會を開くなり、學校全體の學藝會に發表するなり、させることが肝要である。私の學校では、生活の發展といふことを考へてをるから、此の邊は徹底的にやつて居る。遠足や修學旅行や校外學習をしても、其の後始末の整理を怠つては、活きた學校行事といふものを殺してしまふ。教科書のみに囚はれることを打破しなければならぬ。

6 學藝會 學藝會では、勤勉、自治、共同、和樂、沈着、秩序等の習慣を養成し、多數の前で學習事項を發表することから、自信勇氣の德が養はれる。尙社交上からいつて、人の前で發表する作法の實習が出來、他人の發表を見聞する態度も出來る。學藝をするものは、落着いてしつかりやるやうに、又見聞するものは、よく見聞して自己發展に資して行かねばならぬ。お互に力を合せ會場の秩序を維持することが大切である。

私は學藝をするものには、十分用意して、いよ〳〵出演するときには、出來るといふ自信を以てやるやうに、但し傲慢な態度にならないやうに注意して居る。又見聞するものには「話し上手より聞き上手」といふことをいつて指導して居る。

學藝會の改良法としては

(1) 綜合的合科式にやる。さうすると劇はやらなくても、賑やかな面白い且深みと廣さのある學藝會が出來る。

(2) 學年學科を併合し大仕掛にして發展させる。學年合同の學藝會で、最もやり易いのは圖畫發表會などである。これは尋常一年から高等二年迄各學年から選手的のものを出して、發表會を開かせ、お互に批評鑑賞をさせてみる。

(3) 圖畫の如きは其の場で畫かせるのも面白い。

(4) 背景に圖畫を利用させる。其の背景にする繪は大きく畫かせるがよい。さうして、襖にピンでとめて出すと時間も經濟である。

(5) 朗讀や談話もよいが、是等は學藝會には少してよい。そして、成るべく早く兒童が厭かないうちに出演させる。

(6) 成るべく參觀者の視覺聽覺に訴へるやうに工夫するがよい。つまり單調なものでは、第一學藝が發達しないし、見る者も厭き易い。綜合的合科式に發展させると學藝に立體味をもたせる。

(7) 理科的の實驗を行ひ、科學の進步を父兄保護者にも知らせ、文化宣傳の一機會とする。

(8) それには先生も適當に織り込まれて出演するがよい。

(9) 團體出入の訓練を始め、秩序規律の習慣の養成に力を注ぎたい。

(10) 學藝會を以て學級經營學校經營の飛躍の機會にする。

などである。

7 晝食 衛生上の實行事項としては、食前に手を洗ふこと、急食しないこと、食後の歯磨實習等である。食事の時は、兒童の自治を指導して自治心を養成し、作法實習の機會とする。

併し學校の食事は兒童の喜ぶもので、特に低學年兒童は、學校で食事することを非常な樂みとするものであるから、餘り窮窟にしないがよい。會食の愉快を味はせて、家庭的の趣味を養ひ、教師兒童の適當な談話をするがよい。

8　休憩時間　休憩時間は敎師と兒童の接觸による感化や、個性觀察をして個人指導をするには絕好の機會である。だからつとめて兒童に接觸して訓練の効果を收めるやうに努めなければならぬ。敎室內に於て學習時間中に與へる敎訓や感化より、休憩時間中に於ける指導の方が遙かに大なるものゝあること に氣づかねばならぬ。

嘗て小西博士の書物で讀んだと記憶してをる。「英國の公立學校に於て、訓育徹底の方法は簡單であつて、小寄宿舍と運動場に於ける競技運動である。ウエリントンがワーテルローの戰に於て、ナポレオン一世を打破つたのも、イートン大學の運動場に於ける訓育が其の基をなしてをる。」とあつた。

運動の指導と共同一致の精神を養ひたい。

9　神社參拜、墓參　氏神を始め、神社參拜や墓參によつて敬神崇祖の念を養ひたい。大和の國は、橿原神宮、畝傍御陵、春日神社、聖武天皇陵、大佛といふやうに、我が皇室國家に關係の深い尊い神や佛が數知れずおいでになるから親しく參拜することが出來、敬神崇祖の念を養ふには至極好都合である。

10 弔慰送迎廻禮　同情的社交的の訓練をする。葬式に列しては悲しみの時に於ける作法の實習をすると共に、同情心の涵養につとめる。送迎の時の心得新年及び卒業の時の廻禮等も作法の實習と共に、これによつて社交的の訓練をして行く。

11 教室内の淸潔整頓と室内裝飾　敎室内は衞生上からいつても、學習上からいつても氣もちよく淸潔整頓が出來てゐなければならぬ。學習に必要なる環境整理をすると、色々なものが室内に置かれ、且是等の物を利用すると室内が亂雜になり不潔になり易い。淸潔整頓は環境整理境遇的訓練から見て大切なものとして注意を怠らぬやうにしたい。

更に進んでは室内裝飾に注意し、綺麗な額や、生花等を用意して、室内を美的にし、審美的情操の陶冶に資したい。昭和三年三月四日靜岡縣榛原郡住吉尋常小學校の公開授業にいつた時に、同校の各敎室が美的に環境整理が出來てるるのに感心した。

12 **展覽會**　大袈裟な展覽會は屡々やる必要はないが、小展覽會位は每學期に一度位開いて、兒童學習成績物や學習ノートを展覽してみることは、非常に効果がある。從來の展覽會は多くは、書方圖畫位で而かも結果のみの展覽が多かつた。中には敎師の手が加はつたものがあつて、兒童の展覽會が敎師の腕くらべになつて子供らしいところが缺けた。敎師の製作物の展覽會も必要であるが、兒童の展覽會に於ては、兒童の工夫創作によつて、兒童自身の力作を展覽するがよい。そして結果のみでなく、過程や、發展のあとをながめることの出來るものがほしい。

此の種の展覽會に出品し、又觀ることによつて、知識技能の上達を圖ると共に、學習態度の向上、審美的情操の陶冶に努めたい。

第十章　自治的訓練の實際

一　自治的訓練の必要と其の要素

學級學校を小社會と見、實社會的の教育を施して行くといふことは、最近教育の叫びであり、傾向である。そして、此の學級なり學校といふ實社會的の團體の向上を圖るには、其の成員全體がこれに當らねばならぬ。こゝにどうしても自治的訓練といふものが必要になつてくる。

即ち、新學級經營法は兒童中心であつて、教師は指導の任に當り、兒童を主體として學級の發展の任に當らせるやうにする。つまり民衆に立脚して、自治的立憲的に學級經營を進めて行くことが肝腎である。學級や學校といふ小社會に於て、自治的訓練を積んでおけば、それが畢竟立憲的國民の養成になるわけである。

自治的訓練に於ては、自治的訓練の精神の涵養、自治的訓練の施設と其の體驗とが相待つて効果を奏するものである。精神のみを涵養しても、體驗をさせないと、生活には織り込まれない。又施設の形のみで精神が養はれないと、形骸のみに終つてしまふ。

そこで、自治的訓練の精神と自治的訓練の施設經營とが自治的訓練の要素をなすもので、此の二つが相賴り相待つて、始めて自治的訓練の實績を收めることが出來る。

二　自治的訓練に必要なる精神

先づ自治的訓練に必要なる精神から述べてみよう。

1　**自主自立の心**　何といつても、第一に必要な精神は自立心である　各自が他人に依賴しないで、自分で立つて行くといふ自主自律自己規定によつて行動し、自立自營、獨立自存の精神がなければならぬ。即ち獨自の力でやると

いふ力強いところがなければならぬ。この精神を養ふためには

(1) 自分のことは自分でする。

(2) 獨自の力を發揮する。

(3) 自分のおけいこをしつかりする。

(4) 自分の行をりつぱにする。

(5) 自分のからだをたつしやにする。

といふやうなことに、絶えず注意をして指導して行かねばならぬ。

2 共同心 團體的觀念を養つて、みんなが仲よく力を合せてやるといふことが大切である。即ち、相愛の情を以て結合し、共同一致して正しき道に進み相互扶助によつて共存共榮を圖るといふ精神をもつて行かねばならぬ。自分丈けが偉らくなつて、拔がけの功名をしようといふやうな考ではいけない。互に助け合つて人と共に偉らくなり、團體の向上を圖るといふ精神が必要である。

この精神を養ふためには

(1) 人の邪魔をしない。
(2) 人に迷惑をかけない。
　　消極的方面

(3) みんなが仲よく力を合せる。
(4) 互に助け合つて、いつしよにえらくなる。
(5) 正しき道に進む。
　　積極的方面

といふやうなことを常に指導して行く。

3　團體愛と相互の和親　前の共同心といふことに含まれるやうに思ふが私は現在學校や學級に於ける自治會が、動もすると眞の團體愛を忘れてゐるのがあるのと、他人の缺點を指摘することに流れてゐるのに鑑みて、特に此のことを鼓吹したいと思つてゐる。

學級を愛し學校を愛するやうになれば、必ずや學級や學校の成績はあがる。又學級や學校をよくするのには、他人の缺點を指摘するといふことに流れては實に冷やかな殺風景のものになるから、相互の和親、あたゝかい味、温情といふものを缺いてはならない。

4 公共心 更に進んでは、自分の餘力を以て他人の爲に盡し、他人の世話をするといふことが必要である。團體の爲に奉仕をなし、犧牲献身の考がなければならぬ。即ち自己節制により公共奉仕が必要であり、小我を捨てゝ大我の爲に盡すといふことが大切である。人生は支配するといふことよりも奉仕するといふ考がなければならぬ。

學級にしても、學級といふ共存社會に對する奉仕の心掛を持たせるやうにする。近頃は、昔から我が國の美風として來た國家に對する犧牲の考が少くなつて來た。犧牲献身といふ考がないと國は亡びる。併し精神を同一にして現代では、犧牲献身といふ代りに奉仕といふ言葉を使つてゐるから、奉仕といふ言葉によつて奉仕の精神を養つて行きたい。

公共心を養ふためには

(1) 人のおせわをする。

(2)　學級のため、學校のためにつくす。
(3)　團體のためにつくす。
(4)　人のため、世のため、國のためにつくす。

といふやうなことを、常に訓練して行きたい。

5　**喜憂を共にする聯帶責任**　喜びを共にし憂ひを共にして、常に聯帶責任をもつといふ精神が必要である。一體自治といふことは共同責任の擴張であつてみんなが責任をもつといふことである。團體の成員全體が責任をもつやうにして、責任を避けようといふ考があつてはならぬ。

私が學級經營をなすに當つて、特に此の精神の必要を痛感して、兒童を指導した最近の實話がある。私が現在受持つて居るのは尋常二年であるから、子供がいたづらすることもある。五月四日の晝食後の休みのことであつた。H兒I兒の二名を始め、男の子供が五六人で、テニスやヴァレーボールのラインを作るために屋内體操場の西隣にある物入れに置いてある石灰を取り出して投げあつた。H兒とI兒とはハンカチに包んで一番多く投げた。

私は晝食後、職員室へ用事があつて行つてゐたゝめ、午後の授業の時それを訴へたものがあつた。誰がしたかといふと、H兒I兒が一番したといふ。外に誰がしたかといふと、五六名手をあげた。外の人はといふと、自分たちはしてゐないから惡いことはないといつて、何れも責任をのがれようとする。

そこで、私が誰かとめたかときくと、春日君が「やめておけ」といつて叱りつけた。多賀谷君は「石灰が着物について居つたから拂つてのけてやつた。」といふ。なぜわるいかといふと、

(1) 顏にかゝるとはたけになります。

(2) 眼に入ると危い。水にあふと石灰はやけるから眼がつぶれるかも知れません。

(3) テニスや、ヴアレーボールのラインを作るためのもので、投げたりするものではありません。

といつたので、悪いわけを補説した。

それから、誰が悪いかといふと、H君とI君との二人といつて、他は皆責任をのがれようとする。そこで私は、H君とI君との二人が悪いにしても、外の五六人の投げた人が二番に悪い。其の次は男の人はそれを見てゐて、春日君だけはとめたからよかつたが、とめ方が上手でなかつたか、とめてしまふことが出來なかつた。男の人のうちから出したのは男の人がみんなで責任もたねばならぬ。二年の西組の男といはれると、男全體にかゝる。

かういふと、女の子供が「女は悪いことない。」といふ。そこで二年の西組のものが石灰を投げたのであるから、此の組全體がわるいことになる。先生が此の組の受持であるから先生も悪いことになる。とりわけ先生はI君のお父さんやお母さんが支那に行かれる時にI君を東京の親類に預けるから退學させたいといつてみえた。私は出來るだけI君のことを世話をして、學校ではよく見てあげませう。又奈良の叔父さんのうちにI君が居るから、其のうちを時々訪ねてあげませう。といつたので、お父さんやお母さんは私に賴んで今迄の通り此の學校にくるやうになつた。

I君のお父さんやお母さんには、お預りするといふ約束をしてをる。此の間I君のをる叔父さんのうちを訪ねたところ、I君は兄弟仲もよく、勉强もしてゐるといふことをきいて、私は安心して歸つて來た。

それに、今日の出來事、I君が一番にしたといふことになつてをる。お父さんやお母さんに申譯がない。これは先生が一番に惡いことを受持たねばならぬ。さうすると、かはいことには、學級の子供全體が、私も惡いことを受持ちませうといふ。私は涙ぐましく、さういふやうな心持になつて、此の組に何か惡いことがあれば、みんなが惡いことになる。よいことがあれば、組がよいといふことになる。それで、めい〳〵きをつけると共に、みんなが氣をつけあつて、惡いことがないやうにしませう。といふと、みんなしんみりとわかつたやうであつた。

喜憂を共にする聯帶責任の考へ、團體觀念として大切で、學級經營、自治的訓練には缺くべからざるものである。學級主任は、絶えずかゝる精神を鼓吹し、空氣を作成して行くやうに心掛けて行かねばならぬ。

6　自治團體のリーダーの尊重

自治に於ては、自治團體のリーダーを尊重して、これには服從することが大切である。こゝがなか〳〵むつかしいところで、兒童の個性を尊重して自主自律を許すと、やゝもすれば、我が儘になつて團體としての統一が缺けることがある。自治的立憲的に、成員全體の意見なり團體の空氣といふものによつて動いて行くことは大切であるが、實際の運轉に當つては、其の代表者たるリーダーがある。市町村の自治團體には市町村長があり、學校には學校長がある。學級にもまた學級のリーダーがある。

此の自治團體の代表であるリーダーを尊重して、これに服從して行かねばならぬ。めい〳〵が勝手なことをいつて、我が儘なことをして居つては、自治といふものは行はれるものでない。學級に於ては、學級主任は勿論リーダーであるが、兒童のうちにも自治團體としての學級のリーダーが出來る。

學級自治會長には、上學年では兒童にするがよい。教師は家長であり、指導者といふ格で行く。そして教師の干渉を受けることなく、兒童自身で行けるやうになつて行くことが大切である。勿論低學年では、教師が世話することが多いわけであるが、學年が進むにつれて大いに兒童自治を勵行するやうにする。

7　工夫による自治團體の進歩向上

自分共で自分共の自治團體を治めて行くとしても、消極的退嬰的の考へでは、自治團體の進歩向上がない。どうしても、各自が工夫創作をなし、互に力を出しあつて、自治團體の進歩向上を圖る心掛がなくてはならぬ。

どうしたら、もつと此の學級をよくすることが出來るか。どうしたら、自分共の學校をもつとよくすることが出來るかといふことに、みんなが苦心して、工夫創造して行かねばならぬ。そのためには、如何なる困難にも打ち勝つといふ覺悟がなければならぬ。

三　學級自治の實際

自治的訓練の施設として、第一にあげたいのは學級自治である。

一　學級自治としての施設

學級自治としての施設は色々あらうが、私が學級經營をして來て、非常に有効であつたと思つた主なるものをあげてみよう。

(1) 學級の清潔整頓につき、一つ一つの品物や場所を各兒童に分擔させること。

(2) 優中劣の兒童を組合せて、數人を一團とせる分團を組織し、相互補助による團體の躍進を圖り、學級の發展上効果あらせること。

(3) 數人を以て學級當番とし（分團組織を適用するがよい）兒童輪番に、學級當番に當らせ、學習の準備其の他學級のために働かせる。

(4) 學級自治體の組織として、整理部、衞生部、風紀部、圖書部、學藝部、實驗實測部、學習新聞部、裝飾部、運動部、出席督勵部、雜誌部、會計部等の部署を定め、適材適所主義によつて、どの兒童も何れかの部署について、學級自治體の發展を圖ること。

(5) 學習研究部を設け、これも全兒童をして主として自分の希望の教科研究部に從屬させ、特に其の教科の學習發展を圖らせ、學級全體としては全教科の學習發展をなし得るやうにすること。

(6) 學級自治會を開くこと。

(7) 學級の雜誌を發行すること。

(8) 學級展覽會を開くこと。

等である。

2 **級長其の他の委員選擧** 學級の級長其の他の委員を選擧する時に公平無私、適材を適所にあげさせるといふことから、選擧に關する下訓練をする。又級長其の他の委員に選擧された者は、團體のためにカを盡すといふことによつて、自治團體に對する責任感と奉仕の念とを養成したい。

3　學級自治會の工夫と發展

學級自治會は隨分行はれてをるやうである。併し、往々にして、自治會が形式的に流れたり、行き詰つたりしてをることをきく。學級自治會も大いに工夫しなければならぬ。そして、行詰まらないやうに、發展を圖つて其の効果を收めるやうにすることが大切である。今學級自治會の時弊に鑑み、如何にしたらよいかといふことについて述べてみよう。

(1)　自治會の回數と一回の時間　學級自治會といふものが多くは、每週何曜日の放課後に一時間とかいふ風に、特定されて居て一回の時間が長い。特定することも必要であるが、特定したものは、其の日の自治會のために問題を集めて形式的に流れ易い。而かも一日温めて六日冷やすといふことになる。それから一回の時間が長過ぎると、いらぬところに理窟をこねまはして、攻擊的破壞的矯正的に陥り易い。私は一回の時間を長くして回數を少くするよりも、一回の時間は四五分間でもよい。回數が多い方が遙にまさつてをると信じてをる。成るべく一日の中に一回以上開くがよい。朝の朝會の時、放課後、各科學習時間の終り、其の他機會ある毎に適當に開くといふ風がよい。而かも活きた問題、切實なる要求のもとに開く方が効果が夥しい。

ここに面白い證據がある。拙著「實驗實測作問中心算術の自發學習指導法」の終りに、私が學校の研究授業に行つた尋常二年の算術學習指導案を載せておいた。其の指導案の終りの方に

「學習に對する話合をして學習訓練の改善をはかる。」

と書いて、學習改善に關する自治會を時間の終りに開くことを述べておいた。

すると、香川縣の一女教員がそれを見て、几帳面にこれを一ヶ月實行されたさうである。すると、當時の郡視學が、其の學級兒童の學習態度が著しく向上し、算術の成績のよいのに驚かれ、郡内の教員に向つて、

一度公開授業をしてみよとのことになつた。其の先生は、うれしいやら、恐ろしいやら、恥づかしやらであるが、折角授業せよといはれるから授業されることになつた。就ては前以て指導案を見てくれるやうにといふことを私の所へいつて來た。

私は一面識もない人であるが、其の算術の指導案を見て、色々と意見を加へて、送り返したことがある。昨年の夏休みに其の郡に講習に行つて伺つてみると、當時の郡視學といふ方が今郡教育會の副會長をしてをられて、自分が其の教員を發見したので「何某」で今度の講習にも來てゐる熱心家とのことであつた。

この先生などは、一週に一回位の自治會でなく、切實なる要求をもち學習法の改善進歩を圖る積極的進歩的の意味に於ける自治會を、算術の時間の終りに繼續的に根氣強く實行されたので、かかる進歩を來したものである。

(2) 自治會に於ける兒童敎師の態度　自治會がややもすると、他人のあなさがし、缺點のあげあひになる。かかる消極的、破壞的、攻擊的、矯正的の方面のものは効果が少い。下手に行くと、反感をもちあひ、反抗的に出ることになる。他人の惡いところを指摘すると、君もしたじやないかと喧嘩腰になる。

たとひこれを首尾よくやつたところで、現狀維持で進歩はない。それで、積極的、建設的、協調的、改善的、進歩的、發展的の方面を重んじて、兒童が此の方面に着眼するやうに指導したい。もつと、此の學級をよくするところはないか。もつと學校をよくするところはないかといふやうな態度で自治會を開くがよい。

(3) 學習態度の向上を圖る　自治會を單に狹義の道德的訓練方面だけにとめないで、學習態度の養成と其の向上、各科學習法の改善進歩についても行ふがよい。よく出來たことについては、師弟共に喜んで勵ましあつて行くやうにする。

讀方でも算術でも學習をよくさせようと思つたら、其の時間の終りに「今の時間の學習でよかつたと思ふところはどこですか。又面白かつたと思ふところはどこですか。」

「もつとよくして行くところはありませんか。」

と、かういふ風に一ヶ月も續けると、學級の學習態度が向上すると共に學習が非常に進むものである。

(4)　深刻なる現實化　自治會で實行方面のことを話合ふと、或程度のところまでは、普通行ける。併しもう一歩といふところで徹底を缺くことがある。かかる場合に於ては、其のことについて深刻なる現實化の工夫をさせる。それには、品物に記名といふことにしても、掃除當番にしても若しどうしても徹底しないならば、自治會としての檢閲でも行ふやうにするとか、兎に角、間口を狹くして、深刻なる現實化についての自治會をするがよい。

(5) 自治會の改善進步についての自治會　つまり月並式の自治會では効果が少い。自治會其のものの工夫改善に意を用ふることが大切である。それには、自治會の改善進步を圖る自治會がいる。かうして、生命があり發展のある自治會を絕えず工夫して實施することは、學級經營に於ける學級發展上、極めて有効なものと信じる。

四　學校自治の實際

學級自治は漸次發展して學校自治となるがよい。學校全體の發展にも、兒童の自治會を利用するがよい。

1　學校自治會の組織

尋常一二學年も加へてもよいが、普通は尋常三年以上を以て組織するのが適當であらう。尋常三年以上の各學級から五名宛位委員を出して自治會を開くやうにするがよい。これは每日開く譯に行かないから一週間に一回とか、一ヶ月に一回とか自治會日を特定しておく。必要に應じては臨時に召集することにすればよい。

議長副議長は、最高學年の兒童の中から選定して、毎學期交代にしたがよい。議長副議長の外に、理事を三名位設けて、五名位を以て最高機關にしておくが便利である。

職員も、全部出席した方が、學校自治會としては權威がある。併し毎週一回であると、職員全部出席するといふことは、事實上煩瑣になる。一ヶ月に一回位なら職員全部列席するやうにするがよい。

職員の方に、學校自治會の世話をする爲に、責任ある係を定めておく必要がある。或は首席訓導とか、或は學校訓練係とか、適材を選んで專ら指導の任に當るやうにする。週番敎師は必ず列席することにしたがよい。其の他の職員も協力することにする。學級主任は成るべく參加したがよい。

2　學校自治會の方法　學校自治會は學級自治會と聯絡をとらねばならぬ。

そこで、各學級から、學校全體の發展に關するやうな問題を豫め提出する。各學級から提出したものを、學校自治會の係の教師と、兒童側の議長副議長理事とで取纒め取捨選擇して議案を作つておく。議案は必ずしも、各學級から出たものに限る必要はない。學校側から出したのを入れてもよい。

其の場に於て、各學級から持ちよつたものを協議してもよいが、それでは纒りが惡くて、時間の不經濟になることが多い。

協議して、實行事項としてきめたものは、先づ學校長に報告し、各學級の代表者が自分の學級の全員に報告して實行につとめて行く。それと共に、月曜日の朝會の節、全校の兒童職員集會の場所で、議長から「こんな風に實行することにきまりましたから、皆さん實行して下さい。」といふ樣な意味でお話するがよい。教師がお話するより、兒童からお話する方が、兒童自治の精神に叶ひ且實行上にも効果が多い。

尙兒童がよく見ることの出來る通行土間か、運動場に、掲示板を設け、これに掲示するがよい。私の知つてをる學校で、兒童がどうも廊下を走つて困るので、學校自治會で「廊下を走らないことにしませう。」といふ話合ひをして「廊下を走らないことにしませう。」といふポスターを綺麗に作つて、それを廊下のつきあたりに、掲げて實行を指導して、實行の成績を收めた學校もある。

五　校外自治の實際

兒童の自治的訓練を徹底させるためには、どうしても學校内だけでは足りない。校外自治の指導をしなければならぬ。

これには、方面方面によつて、自治團體を組織し、兒童の自治によつて、訓練の向上を圖つて行く。各方面に於ける兒童中の上級兒から役員を設け、それがリーダーとなつて、其の方面の兒童の風紀をよくし、善い事を勸めて行くやうにする。そして、其の役員には「校外自治日誌」を書かせることにする。

勿論教師の方にも係が必要であるから、各方面別に、教師の方の擔當を定め係の教師は、其の方面の訓練を指導することにする。教師は常に其の方面の環境、兒童の善事惡事に注意を拂ひ時々巡視してみる。且兒童役員の書いた「校外自治日誌」を檢閲して適當なる指導をする。又其の方面の兒童を集めて、協議をさせたりして、仲よく力を合せて、其の方面の風紀をよくして行くやうに訓練の徹底を期する。

學校全體に「校外訓練簿」といふものを一册設け、各方面擔任の教師はそれに主なることを記載しておくやうにする。それを學校長が見て、全校兒童の朝會の資料にして行くと都合がよい。

六　要　約

つまり、兒童をして、自治と協同とによつて、自己を治めると共に、學級の發展學校の發展を圖らせ行く精神を濃厚にし、其の施設を適當にして行くと、自發責任の原則と共同生活の體驗とによつて、其の効果が非常に大となる。學級經營や學校經營の根本精神はここにあるといつてよい。

第十一章 作業的勤勞的訓練の實際

一 作業勤勞の尊重

1 作業主義勤勞主義の教育 今日までの日本の教育といふものは、歐米の教育說を輸入して、それの模倣が多く、書籍の上の學問に偏した。そして學校は、本を讀むところ、書籍をしらべるところといふやうになつた。從つて學校の教育は、主智的に流れ、書籍にあることを記憶するといふことになつた。學校に於ける成績は、書籍にあることを記憶してをることの如何によつて判定された。

これでは、主智的の人間となつて、勤勞を賤しみ、似せ學者的のものになり非實際的の人間になつた。人間としての全人教育、團體生活としての社會人の教育、實社會的の教育、工夫創作に富む人物を養成する教育としては、どうしても作業主義勤勞主義の教育を尊重せねばならぬ。それには、兒童の環境に於ける生活を指導し、兒童の興味による筋肉的活動を出發點としなければならぬ。かうした兒童の生活に出發し生活に即したものによつて、作業的勤勞的の目的活動をするやうに指導して行かねばならぬ。私共の學習法は、兒童の生活を尊重し、作業的勤勞的に兒童が學習して、立派な人間となつて行くことを希つてゐるものである。

2 勞働の興味と勤勞の習慣

兒童は活動性に富んでゐて、粘土細工をしたり、木工細工をしたり、學校園に植物を作つたりすることを非常に好むものである。從つて是等の作業は、兒童が自然興味をもつものである。而かも兒童は、作業に於て、自分の力によつて、價値ある結果を收めることを經驗すると、作業によつての快感を一層味つて行く。

かうして、爲すことそれ自身の興味と、結果に對する快味を味はせることに注意すると、自然に勞働に興味をもつて、これを賤む弊風を打破し、勤勞の習慣を養成することが出來る。この勤勞の習慣はただ勤勞即ち作業させることによつて得られるもので、到底口頭上又は書籍上で養成することは出來ない。

3　**個性尊重と職業指導**　作業させることによつて、各兒童は夫々個性を發揮して行き、教師は各兒童の個性觀察の好機會を得ることが出來る。作業そのものが職業的陶冶が出來る上に、各兒童の個性の長所を認め、これを指導することによつて、自然に職業指導が出來る。

職業指導といふものは、單に兒童の個性に立脚して、こんな職業に從事せよといふやうな簡單なものでない。勤勞の精神と習慣とを養成すると共に、職業的の性格を陶冶し、且廣く一般職業に對する理解を得させて行かねばならぬ。職業それには、作業的學習、作業的訓練を重んずることによつて、此の目的が達せられる。

4　**生產的經濟的の思想**　產業の振興、經濟的の思想といふものは個人としても國民としても缺くべからざるものである。作業主義の教育や作業的訓練は、立派な人間を養成すると共に、漸次生産的作業を考へ、經濟的思想を養成するやうにしなければならぬ。現代に於ける立派な人間としては、妥當なる經濟思想をもつといふことも、其の一要素である。

二　學習的作業訓練

1　綜合的合科式のもの

綜合的合科式に行けば學習が最も作業的に行はれる。尋常小學讀本卷三の「浦島太郎」の學習にしても、單に讀本だけを學ぶといふだけでなくて　色々と作業的學習が行はれた。

(1)　大きなパステル畫をもつてあらはしたもの、浦島が濱邊で龜を助けてをるところ、浦島が龜に乘つて行くところで遙かに龍宮城が見えるところ、龍宮城の門と乙姫樣の御殿、龍宮城の近景等。

(2)　粘土細工によつてあらはしたもの　浦島太郎が龜を助けてをるところ龍宮城等。

(3)　木工細工によつたもの　玉手箱の身とふたとを設計して、これを作りあげ、その展開圖を小塗板に書いて、身とふたとの製作の優劣比較及び算術の問題として構成。

(4)　浦島太郎の談話、動作表現の工夫。

(5)　浦島太郎の唱歌のオルガン、ピヤノハーモニカの練習。

(6)　浦島太郎の唱歌より遊戯の工夫創作。

(7)　劇化する爲の諸道具をボール紙で製作（劇化の實演は遠慮した）

綜合藝術としての學藝會では、最も作業的の訓練が行はれる。殊に今後の學校經營に於ては、遊戯室を中心としての高學年兒童の活動及び實驗室を中心としての活動や圖書室を中心としての活動が出來るやうに計畫して行く必要がある。

2　各科學習の際行はれるもの

學習法によれば、すべての敎科の學習に於て作業的訓練が行はれるが、手工による色々な製作、圖畫の描畫、算術の實驗實測と幾何形體の製作、國史の年代表や年代圖の製作、地理實習と地圖の描畫、理科の實驗、學校園の觀察研究に關する實習、綴方書方、裁縫及び家事實習等の場合には、特に作業的訓練に留意しなければならぬ。

又兒童が色々な學習計畫をしたり、學習したものを表現するとき、例へば私の學校でボール紙製の小黑板に發表する場合の如き、作業的訓練の指導を怠つてならぬ。私はあのボール紙製の小黑板のことを作業板表現板ともいつてをる。

3 課題及び課外のもの　兒童自身が學習を自ら計畫して行ふ時の外、敎師が課題して作業に訴へることもある。平素の豫習復習課題、休暇課題、課外圖書閱讀、日誌記入、郵便實習、揭示板へ揭示等である。

三　勤勞的作業訓練

1 整理整頓に關するもの　家庭や學校に於ける自分の學用品、帽子、靴、傘の整理整頓、自分の衣服の始末、學級の清潔整頓の受持等。

２　**勞役に關するもの**　教室廊下校庭等の掃除、校舍校地內の紙屑拾ひ、運動場の石拾ひ、運動場の地ならし、土砂の運搬、學校園の種蒔植付手入、室內裝飾、動物飼養、校舍校地の美化作業、物品の集配、學習用具の準備整頓後始末、食事の世話、書方の準備後始末、撒水、家庭に於ける手傳等。

３　**事務に關するもの**　學級としては、學級當番、級長、組長、當番長、賣店係、學級自治體の係等の仕事であつて、學校としては、學校自治の係、校外自治の係、外來人の應接、學藝會運動會展覽會の係等の仕事がある。

４　**經濟的作業に關するもの**　學用品費の出納、模擬店、共同購買、學校園の植物栽培と收穫、動物飼養、除草施肥、農園實習、園藝實習、玩具學習用具學校用品の工作、校舍の修繕、校地の修築、廢物利用等。

四　體育的作業訓練

體育的の作業としては、遠足、旅行、校外學習、運動競技、步行練習、水泳等に於ける體育的作業によつて訓練を施して行く。今日の競技が、ややもすると、勝負のみに囚はれてしまつて、訓練や學習の上に教育的効果を收めることを忘れてをるところがあるのを甚だ遺憾に思ふ。體育的作業を訓練や學習と提携さしてこそ、教育上大なる効果を收めることが出來る。

五　作業的訓練の實例

私が昨年尋常第一學年の學級經營をした時であつた。兒童をして土に親しませようと思つて、五月四日に幼い子供に學校園に物を作ることをさせた。子供は非常に喜んで、學校園に集つた。兒童が四十六人ゐたから、大體六人を以て一組として畑を八つに等分した。そして第一組から第三組までは玉蜀黍（奈良ではナンバ又はフクロキビといつてをる）の苗の植付、第四組はヘチマ、第五組はキウリの苗の植付をさせた。第六組と第七組とはインゲン豆の種子蒔、第八組は朝顔の苗の植付をさせた。各組で共同でやるが、又個人の分擔をきめて一區畫に六株として、一人が一株づつ受持つことにした。つまり個人責任と共同責任との初步訓練に供した。

兒童は每日喜んで、學校園に行つては觀察をし、水をやつたり草を取つたりした。植物がだん〳〵大きくなるにつれて、まず〳〵面白くなり、それを可愛がる心が一層强くなつて來た。尋常一年の子供であるが、自分の受持や組の受持をはつきりするために、學校園に立てる木の札作りを始めた。眞に兒童の生活目的から生れた札作りであるから、男も女も一生懸命で木工を始めた。それは〳〵眞劍なものであつた。それに自分で植物の名と自分の名前とを書いて學校園に立てた。又或組は組のものが共同して少し大きい木札を作つて、それに植物の名と組の名とめい〳〵の名前とを書いて立てたところもあつた。

春日といふやうな子供は、木札を一枚作つて學校園に立てて見たが、うまく立たないから、それはそれとして、もう一枚作り直した。そして前のものとくらべて見た。あとのは、學校園の土にはいるところを工夫したから二回目に作つたものを立てたといふ事實もある。

キウリやヘチマの花が咲きだして來ると、兒童は一層の趣味をもつて來た。玉蜀黍の成長の早いのにはびつくりして、子供は自分のせいの高さとくらべてゐた。七月七日の七夕祭には、子供が學校園に作つたキウリやインゲン豆のお供へをした。朝顏の花を始め、學校園に作つたものは、兒童が圖畫の寫生材料にした。七月中旬にインゲン豆の收穫をしたが、數へさせてみると、百八十五あつた。四十六人の兒童に四つづつわけてやつて家庭へ持ち歸らせた。ヘチマについては面白い話がある。國語を研究してをる河野君との冗談話がある。ヘチマの苗の植付をする時に、河野君が、ヘチマはなか〳〵むつかしい。未だかつて實を結んだことはない。君が作つても駄目だ。といふから、私は、學理と實際とから作つて見事成功してみせるよ。勿論私が學理を知らう筈はなく、ヘチマ作りの經驗も始めてであつた。ところが、其のヘチマが大きいものが三四個も出來た。さあ河野君見に來てくれたまへ。長さ四十センチ以上もあるやうなヘチマが三つ四つ出來たよといふと、河野君は、君はヘチマを見て長さ四十センチといふことが頭に浮ぶかといつて笑はれた。同君は文藝的に見るでせう。玉蜀黍の苗は全部で十八本あつたが、一本について平均三個づつ五十四個の實が立派に結んだ。惜しいかな、七月二十日で第一學期が終りになつて、それまでには、收穫に一寸早過ぎた。七月末には熟したが、私が旅行したため、八月になつて收穫をしたが、時期を失して、半分の收穫しか出來なかつた。そしてこれを兒童の學習に利用した。

これで、たしかに學校園作業に成功した。兒童も私も學校園作業に對する趣味を養成されたことは、實に夥しい。

六　作業的勤勞的訓練の實際注意

1　教師の實踐指導　如何に兒童に作業を課して、勤勞の習慣を養成しようとしても、教師自身が、勞働を賤しみ、自分がこれを實行しないならば、其の効は決してあらはれるものでない。教師が先づ作業の價値を確認し、これに對する趣味をもたねばならぬ。

教師が自ら兒童に卒先して、勞働を神聖視し、自ら進んでやつて行くと、兒童も相和してやつて行くやうになる。かうして、作業の目的を貫徹し、其の價値を發揮することが出來る。

2 兒童の發達程度の顧慮

初から容易に成功し難い仕事を課して、嚴に業務に從はしめては、苦痛を感じ、失望の念を生じて、作業を嫌ふやうになる。それで初は、前に述べた學校園の作業のやうに、趣味本位、興味中心で兒童の喜ぶことで、容易なことから始める。併し兒童が興味をもつと、學校園の木札を作つたやうに、自ら困難な仕事に當つて行くものである。これは興味の持續によつて、自然に努力し勤勞してをるわけである。こんな調子で指導して行くがよい。

それと共に、小さい子供は結果に興味をもつものである。此の意味に於て、私の尋一學校園經營は、玉蜀黍、キウリ、ヘチマ、インゲン豆と花が咲いて實を結ぶ結果の著しいものを選擇したのである。さうすると、其の結果により、愉快を覺え、其の興味の生ずるに從つて、次第に複雜な困難なものを、選定して課するやうにして行く。

だん〳〵進むに從つて、作業の目的及び價値を知らせて、これが遂行を期せしめると共に、自覺的に作業するやうにする。更に進むにつれて、作業を樂しみ、勤勞を愛し、妥當なる生產的經濟的の考をもつて行くやうに指導し、工夫創作の精神を養成すると共に、全人格の向上を圖らせるやうにしたい。

3　專心作業に從事する習慣

よくきいたものである。歐米人は、仕事をするときは、實に專心で、無用の談話、喫煙等もしないで、一生懸命でするといふことである。それに日本人は、少しも專心でない。それであるから、幼少の時から、自分のすることには、專心な習慣をつけておかねばならぬ。例へば自習に於ける個人學習獨自學習にしても、掃除などをする時にも、いらぬことをいはず、又騒がないで專心にしなければならぬ。

物事を專心にする習慣さへ出來れば、人間萬事の成功期して待つべきである。この習慣の養成は口頭上や書籍上では得ることが出來ない。ただ趣味ある作業に出發して、作業的勤勞的の訓練を積むことによつて得られるのである。

4 工夫忍耐と作業の完成

作業を中途でやめるのは、極めてわるいことである。一度作業を始めだ以上は、工夫に工夫をすると共に、忍耐して、これを完成するやうにしなければならぬ。いくらよいことを考へ出しても、忍耐がなかつたら目的を達することは出來ない。

獨逸人が世界的に色々偉い仕事をして行くのは、忍耐に忍耐をして行くからといふことである。我が日本人も小さい時から、工夫忍耐によつて、自分の仕掛けた仕事を完成するやうに訓練して行きたい。私が低學年からつとめて居る訓練の項目の中に、「人のまねをしないで工夫する。」「しんぼうづよくしてりつぱなおけいこをしあげる。」といふことを入れて居るのも此の精神に外ならない。

5　自治と協同の責任

作業には、個人作業と團體作業とがある。それで自治と協同との責任觀念を十分にもたせねばならぬ。殊に協同の仕事をする時に、責任を他人に委ねるやうなものが往々ある。これは最もいむべき現象である。協同して作業をなし、團體の爲には自己を擲つの覺悟をもたせねばならぬ。かうして自分のなすべき作業、及びなした作業は必ず責任をもつやうにしなければならぬ。

6　作業道具の取扱と後始末

作業の難點の一つは、作業道具の取扱を叮嚀にすることと、後の整理整頓をよくすることである。どうも亂雜になり易い。

一體日本人は公共物を無視する傾がある。學校の器具器械を破損しても、何とも思はぬものがある。それで、よく注意して叮嚀に取扱ふやうにし、若し器具等を破損したら、訓誨も必要であるが、これを教師と共に、元のやうに修理させることが、最も良い訓戒法である。かうすると、再び過をしないやうになる。

使つた道具は、よく手入れをして、必ず元のところに始末する習慣を養成する。それには道具の置き場所を明かに知らせて、教師が一々指圖しなくても整理整頓が出來るやうにしておく。更に作業をした場所がきたなくなるものであるから、場所の清潔整頓も必要である。

＊編集上の都合により、底本２４２～４９２頁及び跋文は削除した。

著作權所有

昭和三年九月十五日印刷
昭和三年九月二十日發行

【定價金貳圓八拾錢】

續
學習法實施と
各學年の學級經營
奥附

著作者　清水甚吾

發行者　永田與三郎
大阪市南區内安堂寺町一丁目二八

製版者　谷口松市
大阪市東區清水谷西之町三一四

印刷者　富永貞三
大阪市天王寺區東平野町一丁目三〇

印刷所・東洋圖書株式合資會社印刷部

製本所・瀧本製本所

發行所
東京市神田區表神保町二番地
大阪市南區内安堂寺町一丁目二八
奈良市南半田西町十三番地
東洋圖書株式合資會社
（直接註文一手取扱）大阪市南區・内安堂寺町一丁目二八・振替大阪三九五五六番

大賣捌所
（東京）南海書院・文修堂　（名古屋）川瀬・星野　（久留米）菊竹
（大阪）寶文館・盛文館　（京都）京都書籍・博省堂　（佐賀）大坪
（奈良）木原文進堂　（熊本）長崎

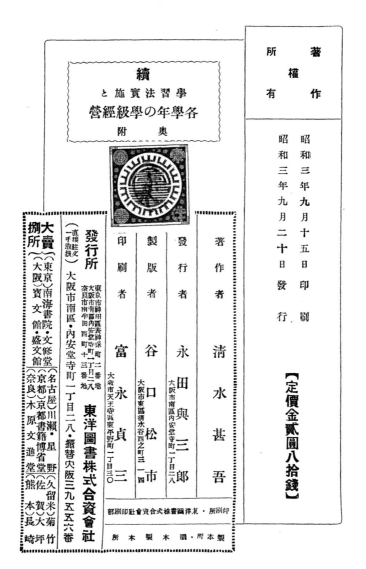

編集・解説

橋本美保（はしもと・みほ）
一九六三年生まれ。東京学芸大学教育学部教授、博士（教育学）
主な著書等　『明治初期におけるアメリカ教育情報受容の研究』（風間書房、一九九八年）、『大正新教育の思想 生命の躍動』（共編著、東信堂、二〇一五年）、『文献資料集成 大正新教育』全Ⅲ期・全二〇巻（監修・解説、日本図書センター、二〇一六・一七年）、『大正新教育の受容史』（編著、東信堂、二〇一八年）ほか

遠座知恵（えんざ・ちえ）
一九七六年生まれ。東京学芸大学教育学部准教授、博士（教育学）
主な著書等　『近代日本におけるプロジェクト・メソッドの受容』（風間書房、二〇一三年）、『大正新教育の思想 生命の躍動』（分担執筆、東信堂、二〇一五年）、『大正新教育の受容史』（分担執筆、東信堂、二〇一八年）ほか

大正新教育
学級・学校経営 重要文献選
第Ⅰ期 高等師範学校附属小学校における学級・学校経営
第2回配本 第5巻
奈良女子高等師範学校附属小学校1

編集・解説 橋本美保・遠座知恵

2019年12月25日 初版第一刷発行

発行者 小林淳子
発行所 不二出版 株式会社
〒112-0005
東京都文京区水道2-10-10
電話 03(5981)6704
http://www.fujishuppan.co.jp
組版/昴印刷 印刷/富士リプロ 製本/青木製本
乱丁・落丁はお取り替えいたします。

第Ⅰ期・第2回配本・全3巻セット 揃定価(揃本体54,000円+税)
ISBN978-4-8350-8287-5
第5巻 ISBN978-4-8350-8289-9

2019 Printed in Japan